大学城新论
名家講座

主 编 刘 颖

深圳·大学城新论·名家讲座

SHENZHEN · DAXUECHENG XINLUN ·
MINGJIA JIANGZUO

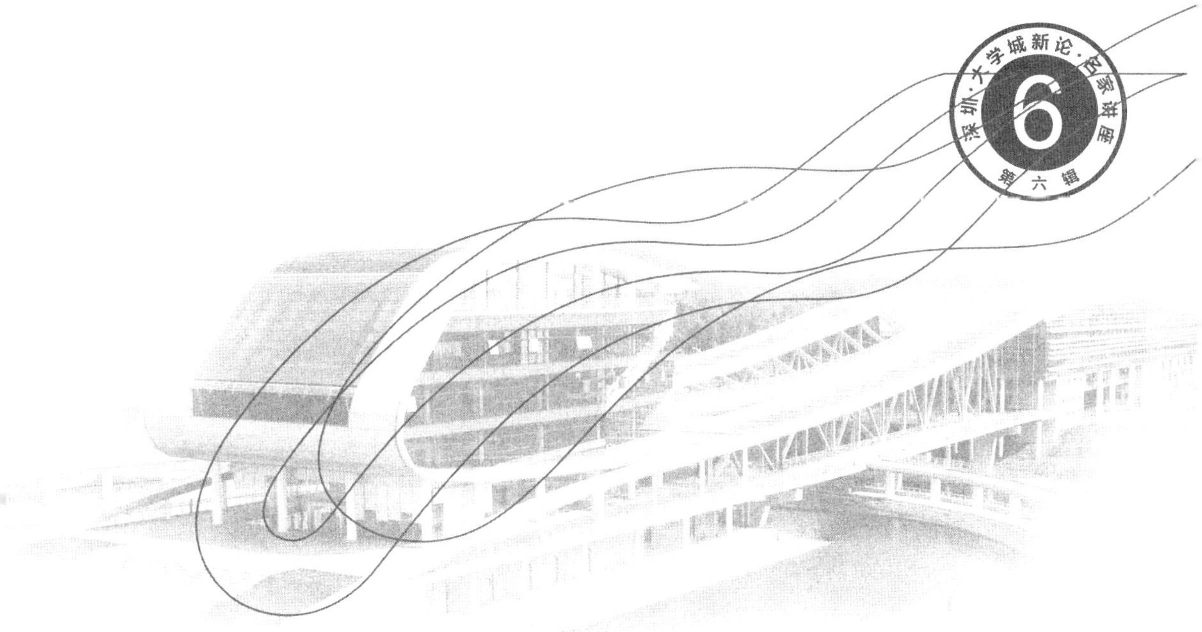

哈爾濱工業大學出版社
HITP HARBIN INSTITUTE OF TECHNOLOGY PRESS

图书在版编目(CIP)数据

深圳·大学城新论·名家讲座. 第六辑/刘颖主编. —哈尔滨:哈尔滨工业大学出版社,2024.1
ISBN 978-7-5603-9837-2

Ⅰ.①深… Ⅱ.①刘… Ⅲ.①社会科学-文集②自然科学-文集 Ⅳ.①Z427

中国版本图书馆 CIP 数据核字(2021)第 226222 号

策划编辑 李艳文 范业婷
责任编辑 王晓丹
封面设计 黄 维 李丝思
出版发行 哈尔滨工业大学出版社
社 址 哈尔滨市南岗区复华四道街 10 号 邮编 150006
传 真 0451-86414749
网 址 http://hitpress.hit.edu.cn
印 刷 哈尔滨市颉升高印刷有限公司
开 本 787 毫米×960 毫米 1/16 印张 12.5 字数 212 千字
版 次 2024 年 1 月第 1 版 2024 年 1 月第 1 次印刷
书 号 ISBN 978-7-5603-9837-2
定 价 68.00 元

#《深圳·大学城新论·名家讲座》（第六辑）

编委会

序

站在深圳学术领域的制高点,创建于2001年的深圳大学城,一直承担着抢占战略性新兴产业制高点、推动深圳高等教育跨越式发展的重大历史使命。片区内汇聚了清华大学深圳国际研究生院、北京大学深圳研究生院、哈尔滨工业大学(深圳)、中国科学院深圳先进技术研究院,以及南方科技大学、深圳大学新校区、国家超算中心深圳分中心等一流高等院校和科研机构。深圳大学城的创建填补了深圳建设高水平大学的空白,也为我国高等教育体制改革提供了极其宝贵的经验。经过多年的发展,深圳大学城已成为深圳教育强市建设的重要力量,是深圳城市发展的智力之源,在科技创新、人才培养、文化引领等多个方面,为深圳的发展做出了不可替代的巨大贡献。在新的历史时期,深圳大学城也必将勇挑重担,砥砺前行再出发,为深圳建设中国特色社会主义先行示范区提供引擎和支撑。

深圳大学城驻城高校承继校本部优良文化,融合深圳创新精神,不断滋润培育出务实创新、充满活力的前沿学术文化,并成为深圳市新型文化的萌芽地。深圳大学城管理办公室积极打造学术文化平台,“深圳·大学城新论·名家讲座”作为深圳大学城管理办公室创设的高端学术文化传播平台,承担了将深圳大学城内的前沿学术文化向城市辐射的职能。多年以来,众多的学术名家做客“深圳·大学城新论·名家讲座”,数万名听众在此了解到当代各学科领域的新思想和新前沿,在交流碰撞中不断擦出新的思想火花。

如果说时光匆匆会带走一切,那书籍就是时光最美丽的留影。讲座的空间和时间固然有限,但书籍却可以将有限变成无限。每一年,我们都会将讲座汇集整理出版,将来自各领域名家们的声音和讲座中思维的碰撞,完整地在书中呈现。我们希望本书传达的不仅仅是讲座的精彩内容,更希望能展示诸位名家无止境探索、创新的精神,为深圳乃至全国创新精神的打造尽一份力量。

深圳大学城管理办公室主任　刘颖

2020 年 2 月

前　言

深圳大学城是全国唯一经教育部批准，由深圳地方政府联合著名大学共同举办、以培养全日制研究生为主的研究生院群，旨在实现深圳高等教育跨越式发展。自2001年创建以来，深圳大学城得到政府和社会的大力支持，积聚了大量的优质师资资源。为使大学城的优势资源为社会所知所用，深圳大学城管理办公室于2010年12月开始创设“深圳·大学城新论·名家讲座”。

清华大学前副校长关志成教授，著名经济学家、北京大学前副校长海闻教授，清华大学深圳国际研究生院执行院长高虹教授，哈尔滨工业大学（深圳）副校长姚英学教授，中国科学院院士、哈尔滨工业大学（深圳）魏奉思教授，美国国家工程院院士、斯坦福大学鲍哲南教授等众多海内外学术界、文化界知名人士都曾做客“深圳·大学城新论·名家讲座”，在这里分享了前沿学术成果，分析了当前主要的社会思潮。自举办至今，“深圳·大学城新论·名家讲座”共举办百余场，数万名听众在这里了解到当代各学科领域的新思想，同时也碰撞出了各种思想火花。

然而由于时间、空间等条件的限制，每次能到现场聆听讲座的听众总是有限。为了使本讲座的新思想、新观念让更多人获益，深圳大学城管理办公室决定将该讲座的内容整理并结集出版。

本辑为《深圳·大学城新论·名家讲座》系列的第六辑，收录了2018～2019年举办的“深圳·大学城新论·名家讲座”中8位主讲人的讲座实录，内容涉及自然科学、社会科学、人文艺术等。包括浙江大学地球科学学院杨文采教授谈《地球的风华和隐忧——21世纪地球科学的使命》；北京大学深圳研究生院王新安教授解读《地震与健康监测预测》，以期引起人们对地震预报和生命健康的关注；中国（深圳）综合开发研究院理事李津逵研究员分享《深圳离世界有多远》，从历史视角梳理深圳在文明史中的位置，并提出对未来深圳发展方向的思考；中国科学院大学夏洋教授谈《〈红楼梦〉的理性赏析——妙玉品茶　品味人生》；中国科学院金属研究所叶恒强院士解读《原子排列的秘密》，探究电子显微技术在探索物质结构方面的独特优势；南方科技大学计算机系讲席教授兼系主任姚新谈《演化计算探源》；北京大学信息科学技术学院教授张盛东介绍《探“显”之路——信息显示技术的前世今生》；哈尔滨工业大学（深圳）机电工程与自动化学院执行院长、教授、博士生导师李兵介绍《从自然界获得灵感的仿生机器人技术》。

回顾过往，我们有欣慰，但更多的是任重而道远的担当。面对读者和听众需求日趋多元，未来我们要做的工作还很多，我们将不遗余力地利用一切资源邀请名家大师做客“深圳·大学城新论·名家讲座”，进一步提升讲座的质量，让更多的读者和听众从中受益。

我们衷心地希望广大读者对本书及“深圳·大学城新论·名家讲座”提出宝贵的意见和建议，我们也将尽最大的努力把“深圳·大学城新论·名家讲座”办得更好，使之成为“名家智慧、名家成果、名家新论”的学术殿堂。

《深圳·大学城新论·名家讲座》（第六辑）编委会

2023 年 6 月

目　　录

地球的风华和隐忧
——21 世纪地球科学的使命

主讲人:杨文采

讲座时间:2018 年 10 月 14 日

讲座地点:深圳大学城图书馆四楼 413 报告厅

主讲人简介

杨文采,浙江大学地球科学学院教授,博士生导师,主要从事地壳上地幔三维成像和大陆动力学研究。1964 年毕业于北京地质学院地球物理勘探系,1984 年在加拿大 McGill 大学取得地球物理学博士学位。1987 年成为英国皇家学会会员,1991 年任地质矿产部地球物理和地球化学勘探研究所所长、中国现代地质勘查工程中心主任。2005 年入选中国科学院院士。

主要内容

本报告深入挖掘了地球的独特之处,以及它所面临的潜在风险,强调了地球的复杂性,包括其由多个圈层组成的结构,以及它独一无二的特征,如大陆、海洋、地磁场等。此外,报告还详细分析了地球可能面临的四大风险——小行星撞击、地磁场倒转、温室效应和大规模火山爆发。尽管地球在演化过程中历经多次大灭绝,但报告认为地球本身不会毁灭,而可能毁灭的是生物圈。最后,报告呼吁我们应当遵循地球自身的规律,减少人为破坏,以实现人与地球的和谐共处。

今天的报告题目叫作"地球的风华和隐忧",风华就是说地球是独一无二的,隐忧就是存在的一些问题。

一、地球是独一无二的

在56亿年前，太阳甩出了一个气团，这个气团里面还有氢气、碳、二氧化碳、水蒸气、氦气等物质，这是地球最初的物质来源。那时太阳也刚刚形成，于是就形成了萌芽时期的地球。到了38亿年前的时候，地球在一个很恶劣的环境当中开始建立自己的保护层，这个保护层在32.5亿年前左右就开始健全了。大概在32亿年前这个时候地球建立了它的自组织的功能，成为一个完善的系统，现在多数的科学家认为板块构造就是在这个时候开始建立的。

之后，地球就从成熟的少年期向青年期过渡，开始建立一套自我平衡的系统，尽量地保存内部积蓄的能量。到了6亿年前，大气当中氧气的含量达到了10%，就发生了生命大爆发。那时候海里出现了五花八门的生物，然后这些生物就开始向大陆上爬，这是6亿年前的生命大爆发。

从6亿年前开始，地球经过了五次生物大灭绝，但是生物圈没有幻灭，而是越来越壮大。30万年前，地球就开始有了智人，1万年以前，智人就开始建立村庄了，我们在西安的半坡看到了最早的村庄，五六千年以前就已经有半地下的房子盖起来了。到了五百年前人类就进入了新的时期，这个时候有人喊出了口号要征服地球，开始向地球挑战。他们是科技先锋，还是麻烦制造者？咱们今天来讨论这个问题。同时，还要讨论我们应该怎样来认识地球，怎么样看待地球，它有什么规律性，我们如何根据地球自己的运动规律来指导人类的行为。

第一点，地球是独一无二的，即使发现了另外一个星球有生命，地球也仍然是独一无二的，那个星球上的生命和地球上的生命不会是完全一样的。第二点，为什么地球是独一无二的，地球为什么会这样，它的机制是什么。第三点，地球现在独一无二的平衡系统能不能永久地保持下去，如果不能，存在着哪些潜在的危害，这个危害说起来应该是对地球生物圈的危害，不是对整个地球的危害。在我小的时候报纸上就说了，如果发生第三次世界大战，所有的核武器同时爆炸，地球就会被炸得四分五裂。我现在不那么看。如果发生这样的核战争地球是不会毁灭的，毁灭的是生物圈甚至是生物圈的大部分。地球有可能炸出很多裂缝，但是岩浆会马上出来把它缝合起来，还是一个地球。地球在它的46亿年历史上，经历过比核爆炸更加巨大的危害，但是地球生存下来了，还保持了它的自组织的功能。相比之下，生物圈是脆弱的，人有能力破坏的是地球上的生物链。

现在我们来讨论第一个问题,地球是不是独一无二的。我们的地球从系统上来看是一个物质、能量、信息都在流通的复杂系统。系统有很多种类,但是地球是最复杂的一个系统。地球主要由三大圈层和十多个子层组成。如果我们不考虑地球跟月亮的系统,与人类社会关系最密切的是地球表面系统,这个表面系统包含大气圈、水圈、海洋,还有岩石圈。大气圈又分为电离层、中间层、平流层、对流层。固体地球系统除了表面薄薄的一层岩石圈以外,还有软流层、地幔、外核、内核。我们通常说的地球主要指这两个地球系统,大气圈外面还有第三个系统,叫地球高空系统。地球外边还有一层保护着地球的地磁场,它和空间联系,叫作地空系统,这个系统我们今天就不讨论了。

地球的高空系统是一个有自组织功能的开放系统,它的能量是开放的。地球的表面系统也是一个开放系统,它的营养来自岩石圈的土壤,它的能量也是开放的,它从太阳收集能量。固体地球现在总体上是一个能量保守系统,但是它在早期是一个开放系统,所有能量在它生成的时候就基本上积累起来了,它以后就不再吸收能量了。固体地球系统的能量和物质在缓慢地向外发散,表明它的寿命一定是有限的。

地球表面系统非常有意思,我们现在讲地球系统都是讲地球表面系统,地球表面系统有很多层次的物质对流和流动,例如大气的流动,海洋的环流,还有深海的环流。地球表面的生物圈又把太阳能转化为化学能,对地球的平衡稳定做出了贡献。地球的能量分为两部分,一部分能量储存在地核里面,这是它先天带来的能量,还有一部分能量是太阳照射到地球上的能量,潮汐能、风能都是来自太阳的能量。

地球的第一套“衣服”就是地磁场,这个地磁场很重要。在一定程度上地球之所以会发展出生物圈,和地球外边有一层磁场当“衣服”有很大关系。太阳刮过来的宇宙射线含有一类微粒,会攻击地球,但是它们被地磁场给挡住了。地磁场的演化也是很有意思的。地磁场不是一开始就有的,大概是在 38 个百万年以后慢慢形成的,有这个地磁场保护地球以后,地球上的空气才能够存在,然后氧气才能慢慢地增加。这套“衣服”是非常重要的,但是这套“衣服”现在也存在着危机。

地球的第二套“衣服”是大气圈,这套“衣服”包裹着平流层、对流层、中间层、电离层,它们的能量主要来自太阳,部分能量来自岩石圈。

地球表面系统由四个主圈组成,包括岩石圈、水圈、大气圈和生物圈。

地球表面系统的物质循环有大气的循环和水的循环,例如蒸发、降雨、径流和洋流等等。波浪是洋流传送太阳能的使者，比如说赤道里面的太阳能，通过季风就可以一直传到俄罗斯的远东，这是海洋表面洋流的功劳。还有深海的洋流也非常重要。大陆每年有40亿吨溶解的盐进入了海洋，这些密度很高的海水被深海洋流推动，流入世界各大洋中，物质循环时这些养分就养育了全世界生物圈里面的海洋生物。

地球系统的多层次圈层嵌套结构，是非常复杂的。固体地球现在总体上是一个能量保守系统，但是它的内部含有嵌套的开放子系统，这是它复杂性的体现。这种圈层结构的多样性成就了地球的自组织，不是其他的星球具有的。

二、地球为什么是独一无二的

我们知道有一个雏菊世界的科学论点，这个论点是通过计算机模拟来验证的。雏菊世界理论表明，生物和环境相互作用形成一个稳定的自组织系统，生物要有多样性，在地球表面环境发生变化的时候，不同的生物之间会互相调节，此消彼长，谁都能够生存下去。人类是生物圈的一部分，生物圈、水圈、大气圈和岩石圈进行互动才能形成今天的地球氧气；地球表面系统有一个反馈机制，这个反馈机制的自我调节，是生物圈得以维系的原因。地球在20亿年来，有温室期，有冰冻期（图1），在冰冻期中70%的地球表面都是冰，这个冰盖到了陆地，大陆上的生物就很少了，但是海洋的生物却可以拼命发展；相反，在温室期大陆的生物发展良好，海洋的生物就很少得到发展。温室期海洋中珊瑚礁发展较好，珊瑚礁吸收了二氧化碳，温室效应就降低了，然后气候就转过来变冷。从上面例子可以看出，生物的多样性对地球的表面调节作用是非常重要的。

图1　地球冰冻期

固体地球是地球的核心组元，主要由岩石组成，大家都见过到处都有的花岗岩，但是你在别的星球上却看不到。为什么我们说地球独一无二，它有大洋、水，别的星球上也可能有水，例如火星上过去也有水，但是别的星球上有没有大洋和大陆？大陆是由什么组成的？大陆上的地壳是由花岗质岩石组成的（图2），这种岩石别的星球上没有，正是因为这种密度比较小的花岗质岩石，地球表面的一部分才能浮起来形成海拔比较高的大陆，于是才有大陆和大洋。别的星球只能说是固体星球，只有“大陆”或者只有“大洋”。在地球岩石圈下面有软流圈，这也是别的星球没有的。就像汽车里面有橡皮垫子，软流圈就是地球的橡皮垫子，当地球运动的过程当中力量发生失衡的时候，它起到一个调节作用。

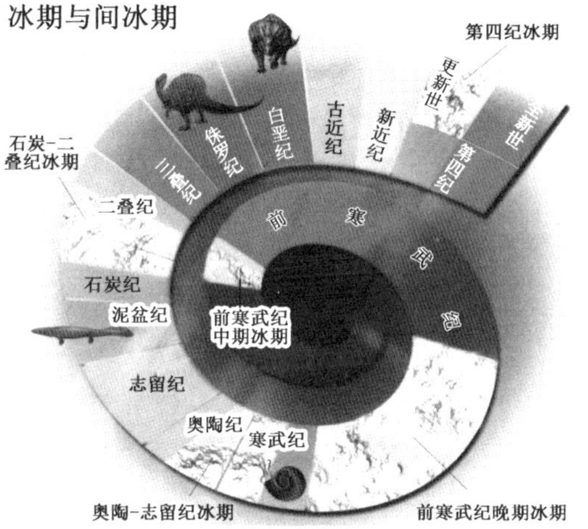

图2　黄山花岗岩

我们说固体地球是独一无二的，它最大的特点是什么？在太阳系中地球的密度是最高的，然后是水星跟金星，火星又差一点，其他的星球就更不用说了，地球的平均密度达到5.3左右，它是最周密的一个星球。地球的质量怎么去测量？地球物理学家有办法。我们知道一个东西振动的时候，振动的频率就跟它的质量有关系。地球的体积我们是知道的，我们不知道它的质量，质量出来了密度就出来了。大地震一来地球就会振动，振动的频率我们可以测出来，根据振动的频率再来反算地球的质量。对别的星球也一样，别的星球不一定有地震，比如说月亮上有没有月震？月亮上最高的月震相当于我们地球上的2级地震，基本上人跟动物都感觉不到,只能放地震仪器上去观测。

我们来看地球内部温度 - 密度随着深度变化的曲线(图3)。我们知道地球从地心到地球表面总共是5 900多千米,这里面分成几个层。这幅图右边是温度随着深度的变化曲线,这是我们地球物理学家根据方程式推算出来的。左边这个曲线是密度的变化,温度 - 密度与深度的变化曲线相关,地球温度 - 密度的对称变化非常有意思。

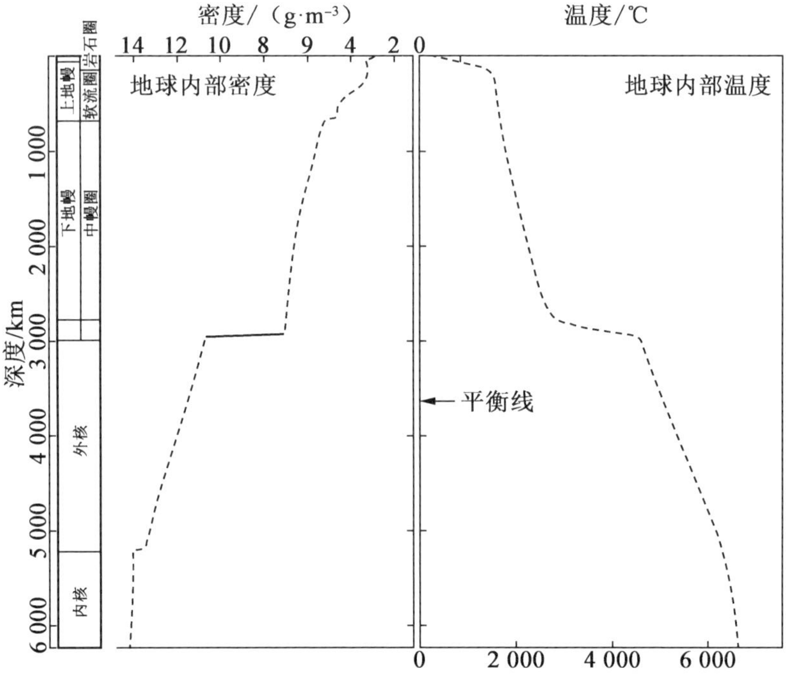

图3 密度 - 温度随着深度变化的曲线

地球内部物质运动的动力来源主要是两种:一种是向地心去的,这是向心的重力,重力和地球密度变化正相关。另一种是从地心往上的,向地球表面去的力量,这个力量是热力。热力是从地球的外核传导向上的力量,表现在地球的温度变化。重力反映地球深部密度越来越大,热力作用的结果使得温度往深部越来越高。如果这两条曲线基本上对称,说明地球重力和热力作用就平衡了,向上作用力和向下作用力就处在一个总体上的平衡状态，要达到这一点是非常不容易的，地球花了将近 8 亿年才达到这种平衡状态。热力和重力作用的平衡就使得地球系统的能量消散的速度达到了极小，物质的运动幅度就趋极小。运动都是要消耗能量的，消耗的能量最小就使得地球最稳定，就能够让地球能量保存的时间最长。热力和重力作用的平衡是地球独一无二的根源。

我们看火星，在火星形成 5 亿年的时候，内部的能量就快消耗完了。和人相比，你说地球现在多少岁了？大家的意见不一样。以 100 岁作为地球的寿命，地热学家根据热力消耗的程度认为地球现在 45 岁。我跟他们争论说地球现在 29 岁，为什么？地球上大洋的面积占 71%，大陆的面积占 29%，哪一天地球大洋没有了，它就 100 岁了。41 亿年前到 40 亿年前那个时候，地球表面上覆盖的都是岩浆造成的大洋，然后大陆在这个大洋中慢慢地增生。早期的大洋跟现在的大洋不一样，那个时候大洋里面没有氧气，非常浑浊，没有生物。今天的海洋里面有很多生物和氧气。地球的独一无二在于，它有地磁场、氧气、水、海洋、大陆、生物圈、花岗质的上地壳（大陆），有软流圈，有外核的能量发动机造成了流遍全球的流体网络系统。此外，地球还有最高的密度，这些都是地球独一无二的地方。

地球有三套“衣服”来保护自己，第一套是地磁场，第二套是大气圈，第三套是板块运动。三层循环分别进行着物质运动，如大气的循环、海洋的环流和板块运动；板块运动制造了比较新的、比较年轻的海洋地壳。三套“衣服”下面还有地幔对流，保持了地球的活力。地球的物质循环能够自我调节，板块运动就是自我调节的一部分。这些物质循环使地球成为一个生机勃勃的星球。所以盖亚假说讲地球是有生命的。但是地球跟有机的生命系统不同，固体地球不能再从系统外面吸收能量来增加自己内在的能量。我们讲大陆增生，大陆不断地在增加，从无到有到最后大陆要把地球全部覆盖掉。如果地球今年是 29 岁，已经过了 46 亿年的演化，所以我们不用担心 150 亿年以后它如何老到 100 岁，现在还不用担心它的寿命问题。

地球的自我调节能力表明它是一个自组织的动力学系统，有五大运动来进行自组织。第一种运动是大气环流，第二种运动是生物圈的反馈的机制，生物圈、水圈、大气圈是互动的，第三是地球表面的大气循环和海洋循环。第四种运动是板块漂移，使岩石圈和软流圈进行耦合循环。第五种运动是地幔对流，地幔对流就使得地核和地幔进行互动，配合起来进行循环作用。不管是 45 岁还是 29 岁，地球都是一个年轻的、生机勃勃的星球。

三、地球的隐忧

我们现在来讨论地球的四个主要的隐忧。第一个是小星体的碰撞；第二个是地磁场的倒转；第三个是温室效应产生的生物链断裂；第四个就是大面积的火山爆发，比如说印度德干高原的火山爆发。

（一）小星体的碰撞

6亿年以来，地球发生过五次生物大灭绝，最严重的一次不是恐龙灭绝，恐龙灭绝是到现在为止最后一次生物大灭绝。最严重的一次生物大灭绝发生在两亿五千万年以前，大概有90%的海洋生物都灭绝了。是什么原因造成了地球的生物圈大多数的种属都会灭绝？有很多的说法，其中一个说法是小星体的碰撞，它发生在最后一次，就是恐龙灭绝的那一次。恐龙灭绝的同时也有30%左右的大陆物种灭绝了，很多人认为这次灭绝与小星体的撞击有关，是由于小星体撞到地球引起的。在1亿年前，有个小星体撞到美洲的中部，形成了一个巨大的陨石坑（地球上有很多陨石坑，但是没有墨西哥湾的那么大，墨西哥湾陨石坑直径达到了300千米）。在小星体的碰撞后地壳破裂，引起大规模火山爆发和全球气候变化，以及食物链断裂、恐龙灭绝。小星体的撞击是第一个隐忧，不过现在并不可怕。为什么呢？如果真的有小星体要撞到地球上来，天文学家是可以提前预测的。凡是可以提前预测的自然灾害，可以用人类命运共同体的力量，把损失降低到最小。

（二）地磁场的倒转

第二个隐忧更严重一点，就是地磁场的倒转。地球物理学家研究了很长时间地磁场，高斯在150多年前就开始研究地磁场。地磁场是不断倒转的，今天的南极以前是北极，磁极是来回跳动的。地磁场的倒转是地球信息的传递，因为岩石里面磁铁矿的磁化方向就记录了岩石形成时磁场的方向，现在我们测岩石磁化的方向，就能够确定岩石结晶时南极、北极在什么地方。南极、北极来回变化不要紧，最可怕的是，磁极变化中间有一两千年磁场很微弱，磁极不是突然倒转过来的。磁极倒转中间有几千年出现一个混沌时期,它不是一个磁偶极的地球,它变得有好多个偶极集。因为地磁场是地核里的磁流体定向旋转产生的,磁极倒转时磁流体变成湍流,地磁场就非常弱了。地磁场非常弱就意味着太阳的宇宙射线、太阳风在地面上非常强,这时候地球上很多生物就不能适应,就要死亡,就可能造成生物链的断裂。

磁极的倒转对整个地球的生物圈来说会有很大影响,这个影响现在的危险到底有多大?我们就看它倒转的周期有多大。地磁场有的时候倒转得很快,有的时候它长时间没有倒转,我们来看最新的一次,现在的磁场有 79 万年没有倒转了。由于反转期的到来对地表的生物有很大的影响,这是地球生物圈的又一个隐忧。

(三)温室效应产生的生物链断裂

再看看地球的温室效应和生物链断裂。自 5.7 亿年前以来,地球由温室期、冰室期,到了我们现在的间冰期,就是在两个冷的冰期中间这一段,地球正好恢复到正常时期。二氧化碳大量排放,聚集在高空,由于它选择性地吸收太阳能和热能,使大量的热量反射到地球表面,可以使地球表面进入温室期。温室期和冰室期正好相反,冰室期的时候海平面下降。据有人计算,海平面下降能够达到 200 米,就是在前一个冰室期的时候,台湾海峡是没有多少水的,陆地面积大了很多。温室期海平面上升,陆地上冰川融化[图 4(b)],造成海平面上升和大陆大面积的干旱。

地球历史上,大概在 17 亿年前才开始有第一次的全球性的冰期。冰期对生物的生长是非常重要的,进入了冰期 - 温期这样的变化是地球自我调节的结果。地球在温室期到了一定程度的时候,会通过二氧化碳进行自我调节,使温度转变为冰期冷下来。比如说海水多了珊瑚就大量生长,珊瑚大量地吸收二氧化碳,大气当中的二氧化碳就少了,吸收得多了就变成冰期。我们用石灰做混凝土盖大楼,那些石灰石都是地球自我调节产生的产物。每一次生物种属飞速的增加,尤其是大陆上生物种属的增加,都是从冰室期向温室期过渡转折的那个时候发生的。

(a)黄河黄土高原　(b)祁连山冰川

(c)长白山熔岩　(d)松潘草原

图4　中国典型的自然景观

雏菊世界理论说的是地球的自然系统不需要智力因素,不需要人的介入就可以进行自我调节,地球表面系统就有这个自组织的功能。但是,只有一种雏菊是得不到这个结果的,最少要有两种不同属性的雏菊[图4(d)]。一定要有一个很丰富的生物链,现在很多人都在保护各种物种,就是保护生物链。如果生物链断裂,最先灭亡的种属就是最高端的种属,比如说恐龙,它数量最大,需要吃的东西最多,需要的能量最多,所以它最先死。最低等的生物永远都在,你看苔藓、地衣,36亿年前就有,我们地球上的氧气就是它们造出来的,它们通过光合作用才能使地球的氧气慢慢增加。工业化时代碳排放过度,碳排放加速了地球表面热量积累,有可能破坏地球的平衡。工业革命以来空气当中排放的碳急剧上升,除了二氧化碳,还有另外一种温室气体——甲烷,它的浓度在最近的 50 年都在直线上升,不是一般的快。

我们看看中国的气温变化。中国的历史悠久,很多的古文献都有温度记录。汉朝、唐朝时天气热,比如说李白可以在长安城里面看到橘子树。到了明朝气温整体下降,北方的农业经济开始下降,历史书上都有记载。但是,从改革开放以后气温就升上去了,这跟工业化有很大的关系。气温上升,对全球、对我们中国最重要的影响是什么? 就是干旱化。有人预测到 2055 年,北京、陕西、河北干旱都会非常严重[图 4(a)]。我们看普利高津的非线性理论,预测了 1985 年以后 100 年的气候变化。他预测从 2010 年到 2030 年,极端气候会出现很多次,他并没有说干旱化,干旱化是 2030 年以后的事。最近几年的情况确实证明是这样,并不是说气温马上就升上去,它的影响是多面的。

(四)大面积的火山爆发

最后谈一谈大面积的火山爆发的隐忧。中国华南地区得天独厚,是非常好的一个地方,不管是气候还是环境都很难得。现在没有人地震,东南亚的季风非常有规律。但是,这并不是地球上从来就有的,而是在最近 1 亿年以后才有的。在 1 亿年前左右华南有大面积的火山爆发,我们看浙江有一半的面积都是中生代的火山岩,到处都是。现在中国南方只有海南岛还有休眠火山,但已经没有火山爆发,我们都过好日子了。地球就是这样的,一个时期它的能量在这个地方消耗完了,就平静了。

在几千万年前,我国在南方、北方、云南到内蒙古都有大面积的火山爆发[图 4(c)]。全世界同期大规模的火山爆发形成了大火成岩省,最典型的就是 2.6 亿年以前在西伯利亚、峨眉山、德干高原发生的大面积的火山爆发。火山爆发对生物圈的影响是很大的。

火山爆发的高峰期跟生物灭绝期在全世界有一定的重合性。为什么会是这样呢? 因为火山爆发以后地球变热,火山爆发喷出大量的气溶胶和二氧化碳造成了温室效应,使得全球气候发生变化。但是,在头两年火山灰会把整个地球盖住,太阳光进不来,使地球变冷两年,然后就开始大幅度升温。总而言之,大面积的火山爆发使热力和重力作用失去平衡,使得地球系统的能量快速消散。它为什么会产生这种失衡,什么作用造成这种失衡,现在还不知道。从现象上来说,全球变暖、气候异常、生物链的断裂,以及能源的短缺、流行病、土壤的污染、地震、水污染、海洋的酸化,还有表面生态系统的退化,这些都是造成生物圈变异的原因,都是地球科学要研究的课题。我们生活在这个地球上,地球是我们的家园,没有地球资源我们活不下去,所以我们不仅要利用地球资源,还要美化我们的生存环境,这是一个很纠结的情况。我们需要在人类社会的发展和地球生态的改善之间找到一个平衡点,使得人类社会发展能够永远跟地球同步、和谐。

为了能做到这一点,我们就要了解地球动力学作用有什么规律性,按照规律性来规范行为,防止地球表面系统平衡态的突变。要可持续地发展人类社会,在利用地球的新能源、新矿产和水资源的同时加强生态保护。尽可能地预测地球上可能会发生的各种灾害,使人类社会的损失最小化。我们要研究预测地震。最近美国地质调查局在研究安德列斯断层的地震,这项研究已经进行了 27 年。他们前 5 次的预测都失败了,但是他们没有停止,他们第 6 次预测成功了,找到了一些规律,给了我们一些重要启示。

大家谈到地震就谈虎色变了,但是对地球物理学家来说不是这样。我们看地震是地球的自我调节,因为地层的应力积累了就要释放出来,如果不释放出来等到地球爆炸了是非常不好的。应力的释放就造成了地震,这是它的自我调节。地震的时候也是人类了解地球构造的大好时机,就是说地震一发生就把整个地球照亮了,因为地震波传遍了整个地球,我们记录地震波、分析地震波,才能够知道地球内部是什么构造。如果我们了解地震的规律,就可以尽量去预测地震,减少地震造成的损失。

总而言之,今天的报告我想谈一谈我个人对地球的一些认识,这种认识没有定论,别的科学家可能不是这么认识的,因为地球太复杂了,而且地球的每一部分的作用都不一样。我们在了解地球的演化历史的时候,最大的困难就是我们看不到那个变化,留下来的信息极其稀少。比如说过去发生过一次大陆的碰撞,产生了一些碰撞的产物,这些产物可能埋葬在地下 30 千米,也可能早就被河流、风沙剥蚀掉了,你根本就看不到。现在能看到一个小露头非常不容易,但是你看到这个小露头不能代表当时全部的地球。所以我们要做的就是把反映过去地球演化的这些小露头进行全球对比。在喜马拉雅找到了,还要去看看欧洲有没有,再看看美洲还有没有,去比较当时那个作用是不是有一致性的规律。我很少了解民众是怎么去看待地球，怎么去认识地球的，有什么问题咱们一块讨论，今天我的发言先到这里，谢谢大家。

提问环节

【主持人】我们现在就把时间让给大家，有问题想跟杨教授交流的，欢迎大家现在举手提问。

【观众】杨院士您好，我是慕名来听您的讲座的，觉得受益匪浅。我有一个问题，也不知道恰不恰当。我看您最前面的几张片子里面，其中有一张说是有两个发动机，一个是地心里面的热量，一个是太阳的热量，我想问一下地球为什么会自转，是跟地心里面的热量相关吗？

【杨文采】不是相关的，地球自转是一开始从太阳甩出来以后就形成的，是先天带来的，在太空中的自转一直保留到现在。我刚才说了月亮从地球上甩出去它也在自转，它的自转轨道平面跟地球相差5度，那么它的自转也是当时甩出去的自转。地球内部是在地球形成以后，大概是在36亿年以后，慢慢热起来的，不是一开始就热起来的。

【观众】杨院士您好，我是一个校外的观众，您刚才讲了大气有环流，像我们感觉到最深的就是台风。我就很纳闷，像台风只有亚洲、东南亚还有就是墨西哥湾那边有，还有大气环流应该也跟洋流一样，应该是南北半球都有，为什么只有北半球有，南半球就没有，这是我想问的。

【杨文采】大气环流是南北半球都有的。但是我们讲中国独一无二的就是，大气环流中的暖流，一个是西太平洋的暖流，还有一个是印度洋的暖流，因为这两个洋处在赤道地带，它的暖流的温度是最高的，这两股暖流造成了我们中国南方的海洋性气候，非常好的海洋性气候。我们知道从浙江、江苏一直到四川、云南都是海洋性气候。像美国的墨西哥州就在相当于四川那个位置上，就没有海洋性气候，同是北纬30度，那个地方就是沙漠。我们四川是天府之国，就靠这两个暖流过来的潮湿空气把气候搞好了，这是我们得天独厚的地方，不是全世界都有。太平洋暖流特别奇特，这个暖流从太平洋赤道一直到北纬50度，到海参崴那个地方。我们现在要担心的一点就是怕这股暖流萎缩了，如果这股暖流在全球气候变化以后萎缩了，我们北方的气候就会受到很大的影响。这股暖流要是没有了，季风就衰弱了。一般的暖流就是在南北纬20度之间，一直到北纬50度的，全世界就我们这么一股。关于台风跟飓风，在西半球他们叫飓风，在西太平洋我们这边叫台风。

【观众】您提到地球在70万年前左右，有过一次磁场的反转，当时的人类已经存在了，那几千年人类是怎么存在下来的。

【杨文采】智人没有文字记载，现在我们看到的300万年以前的非洲，人的头盖骨只有一个，这个过程很难追溯。那次地磁场反转死了多少生物物种很难了解，这个尺度太细，我们现在就很难分出来。

【观众】那个时候应该是有智人了，就算没有，人应该也是比较高等的动物，他依然是能够存活下来的。

【杨文采】你的意思是说79万年前那次磁场反转，那次从南极变到北极，没有把人类灭绝？

【观众】对，它对人类的影响可能没有那么大。

【杨文采】你提了一个很好的问题，很值得研究的问题，我没有证据，没办法回答你。

【观众】我有一个问题是关于咱们国家的，在中国地形图上我们有非常美丽富饶的平原，除此之外我们还有大片的平地，海拔也不太高，很适合种植物，但都是沙漠，您能给我们解释一下这些沙漠都是怎么形成的吗？在现有的基础上，我们有没有可能把它变成绿洲或者是农田？

【杨文采】这个问题涉及气候，也涉及山脉的隆升，中国的地形是受青藏高原隆升控制的，就是印度板块碰撞上来，青藏高原隆升起来，起来以后把中国的气候改变了，整个气候也就改变了。比如说在2亿年以前中国的河流有很大部分是从东向西流的，你们可能想象不出来，我们的江河从大别山流到现在松潘、甘孜等地方，那些地方是大海。到什么时候长江才往东流，大概是在26个百万年的时候，长江原来是从青海流到红河，再流到现在的南海。以后由于青藏高原的不断隆升,云南也隆升起来,河流才凿开了三峡,冲到华东来了。现在的沙漠在青藏高原的北缘那个地方,帕米尔高原隆升以后,大西洋的暖流就过不来了,温湿空气过不来了。大西洋有一股向东来的暖流,现在到伊犁为止。伊犁盆地很富饶,是小江南,那边雨水是从大西洋暖流过来的,最后就到了伊犁。青藏高原的隆升带动帕米尔高原的隆升,遮挡了大西洋暖流过来的温湿空气,使塔里木盆地越来越干旱,现在形成了沙漠。

你使我想起了一个故事,以前在讨论这个问题的时候,有一个学物理的专家,他说青藏高原对气候影响那么大,咱们放几个核炸弹,把喜马拉雅山炸开一个大口子,让印度洋的暖流往北一吹,咱们西北的气候不就改变了吗?你说行不行?反正这个方案是被否定掉了,人跟自然不能这样对着干。自然形成的规律性我们要了解它,不能破坏了这个规律性。你让大西洋暖流从这个地方过来,副作用可能会比你想的严重得多,所以这个方案别的院士都觉得不好,否定掉了。

你的问题咱们就讨论到这里,地球科学很多问题没有办法现在下结论,我们只是通过讨论能够更加明确。

【观众】您刚才讲得非常好,让我们感觉到生活在地球上其实很幸福。地球好像有很多种死法。火山、行星撞击、温室效应等等,包括地磁反转。

【杨文采】我只说远忧,没说地球会死掉,隐忧是一种忧患。

【观众】在您看来哪个危险性比较大?

【杨文采】我还是坚持一个观点,就是地球是不会毁灭的,毁灭的可能是大部分的生物圈。就是说我们讲地球毁灭了,实际上讲的就是生物圈当中的一部分毁灭了,生物圈是不会全部毁灭的,那些地衣、苔藓是毁灭不了的,它们什么时候都会长出来。就是有些高等的动物,它们能不能持续发展下去会受到挑战。

我感觉到最担忧的是生物链的断裂,最现实可能发生的是生物圈食物链的断裂。因为你不能预测那个生物没有以后,是否像多米诺骨牌一样会引起一串生物链的断裂,这一串生物链会不会影响到人类的流行病等等,都连带起来了。保护生物种属的多样性,我是非常支持的。

【主持人】现在让一个大学城的学生来提问,如果你是学生那你就举一下手。

【观众】杨院士您好，听了您的报告和解答我都觉得很有启发性，我想提的问题就是在短时间内，有关于气候变化的问题，可能趋势并没有很大的改观，您刚才也提到了这个问题，我想说的是气候变化，或者是气候变暖对于地球的运动或者是演化，包括对人类或者是气候真的没有一点益处吗？可能大家都会说它有多么不好，但是我还想听到您的观点，就是有关于对地球演化积极的，或者是正面的作用。

【杨文采】气候变暖我刚才说了一下，就是说气候变暖可能会对大陆上尤其是没有沙漠化的那些地方的生物生长、新种属的出现是有好处的。但是气候变暖首先面临的一个问题就是海平面上升，海平面上升会影响70%的人类，因为70%的人类居住在离海岸线不远的地方。最近20年海平面上升了1.5米，大家还感觉不到危险；如果海平面上升了6米，世界上有三分之一的人要生活在海平面以下。这就造成了很大的恐惧，对一些岛国甚至是一个灾难。

当然气温上升了以后，加拿大的冻土带是不是会变成很好的农业区，西伯利亚寒流是不是就不会南下了，倒不是不可能。这些问题似乎关心的人不是很多，比如说你把整个岛国的人全都迁到加拿大移民，说起来很容易做起来很难，我觉得还是需要全面地研究气候变暖的作用。

【观众】我是1998年来的深圳，今年是改革开放40周年，深圳从小城市发展到现在中国的创新城市，未来几十年深圳在气候和地震上面有没有变化，对我们有什么影响？

【杨文采】你问我们的华南会不会有巨大的生态问题，我只能回答你，如果不考虑人为因素，华南的生态环境不可能发生巨大变化。华南地区的好山好水来得确实是不容易的，都是在五千万年前以后才形成的。华南地块真正稳定下来是在五千万年前以后才有的，以前都没有。1亿年以前华南地块布满天翻地覆的岩浆活动，火山爆发到处都有。对于地质时期来说，1亿年一晃就过去了，华南地壳保持个几千万年的稳定平衡，我想应该是没有什么太大问题的，不过靠海边的地方，靠近台湾海峡那边，我们叫作政和－大埔断裂以东的那块地方，有可能还会发生6级以上的地震。广东的南部地区，海南岛的火山会不会再次爆发，也是有可能的。最大的问题是海平面会慢慢上升，刚才说过要修筑堤坝。

【观众】您刚刚说您觉得地球现在是 29 岁，是以水为判断标准，我想知道您背后的逻辑和思路是什么，我知道这个是没有办法证明的，但是我想应该是有一些知识根据的。

【杨文采】这个知识点叫作大陆增生，大陆从无到有，我刚才说了在40 亿年前地球整个表面都是岩浆海，这个岩浆就是那种像钢水一样的东西。这个海表面是要散热的，散热的结果就是出现了几个小岛，而这些小岛还不是大陆，因为这些个小岛又被岩浆重新熔化。一直到后来散热到一定程度，又有很多的岩浆都凝固成为岩石，才形成最初始的大陆，地球才开始慢慢地走向稳定。以后小块大陆又不断通过板块构造的物质循环，板块的拼合和俯冲，岩浆再分离出花岗岩，使大陆增生扩大。增生会使已经存在的大陆连在一起。连在一起后我们叫它超级大陆，现在亚欧大陆以后就会形成一个超级大陆。

大陆增生的结果就是海洋面积减少，如果海洋面积不断地减少，减少到最后就变成几个湖泊了。最典型的就是黑海，黑海是 2 亿年以前的一个古海，就是因为大陆增生使原来的海变成了一个湖。如果最后没有海，地球的寿命就差不多要结束，就跟现在的火星一样。现在的火星里面没有活动的板块。我们现在大陆只占地球表面积的 29%，所以我说它是 29 岁，这是一个形象的说法，并不是一个很严格的定义。要从热量的角度上来说，地球原来的热量消耗掉了 45%，还有 55% 没有消耗掉，所以现在是 45 岁了。

【观众】地球也是在自转的，它在自转的过程中所依赖的因素会不会导致它脱离原有的轨道？

【杨文采】有一个不太令人信服、还很不成熟的理论，就是太阳系的混沌时期。我们知道太阳系是一个非常有规律的系统，有大行星在绕太阳转，都在一个平面上，这就是有规律的，它不是乱转，都是可以用方程来表示的，它的距离可以由方程式来表示，这就使爱因斯坦坚信世界是有规律的。现在有科学家发现太阳系的演化有一段时间跟平静时期的演化规律不一样，具体的我记不清楚它是指什么参数，大概是用不同星球同位素的比值比较，在太阳的演化过程当中有很特殊的一段，它叫作太阳演化的混沌时期。系统的混沌相态是可能产生的，就看你怎么定义混沌行为。如果太阳进入演化的混沌时期，这个时候我们所认识到的地球行为规律发生的概率就会大大降低，但这还是一个可能性，这种可能性等待着将来进一步的探索。

第二个问题是关于暗物质，我不知道天文学家说的暗物质在地球上有没有，但是从现在天文学的研究来说，暗物质在宇宙上有。暗物质如果是像宇宙射线这样无孔不入，也可能钻到地球内部来。所以你这个问题太深奥了。

【观众】我问一个跟杨院士专业相关的问题，地球打探井理论上有没有极限，最深可以打多深？如果打到地心会有什么样的问题？

【杨文采】打探井最难的问题是，太深了温度太高，所有的钻杆都变成面条了，这是它最大的问题。我们现在钢钻杆能工作的温度，在400摄氏度以上它的刚性就很难保持了，变成了面条，已经没有什么力量再往下传递它的动力了。为什么俄罗斯在科拉打到一万两千五百米，那个地方地温梯度很低，他们父子两代人能打这么深，我很佩服。父亲开打这口井没打完就退休了，他儿子接着干，父子两个打钻打了20年，从1970年开始到现在它还是世界最深的井。没有再深的了，因为它的温度已经到了三百多度，再也找不出材料作为钻杆打下去了。

【观众】大家担心石油能用多久，就是说石油会枯竭吗？

【杨文采】石油是怎么形成的？有两种原因，一种是由有机物质形成的，现在我们找到的石油大部分是属于这种，在沉积岩中有很多有机物才有石油。但是天然气不一样，天然气是碳氢化合物，地球内部不断地在冒气，在冒着甲烷，甲烷就是碳氢化合物。我们现在是要关心天然气的使用，因为天然气污染比较少，我们国家天然气的资源当然比不上俄罗斯，但是还是有很大潜力的。40年前在我念研究生的时候，正好是能源危机，说油快要用完了，能源危机了，油价涨到100美元了，结果就拼命地找石油。靠什么去找石油？石油探勘三分之一的投资到了地震勘探，所以地球物理学大发展。一下子这40年过去了，石油的储量比40年前的储量只多不少，原来说还有40年就要用完了，现在还是说40年后才用完。由于不断地在找、在发现，再加上新的能源的应用，所以石油枯竭的恐慌消失了。

但是有一点非常重要，我觉得油气资源的开发应该放慢，应该慢慢来。地球的油气资源是8亿年以来地球演化过程中逐渐积累起来的，两三百年就把它都开发完了，这对地球的自组织是会有影响的。人类不要一下子把它开发完，我们要少用一点,慢慢地用,能用别的代替就不用。但是天上的飞机没有石油飞不起来,所以油老大还是油老大,从事石油行业的不用担心,社会还是需要他们的。

【观众】有一些文章说石油是地球内部挤压产生的,这是不是谣言?

【杨文采】石油是不是挤压产生的,有的油田可能跟挤压有关系,但不是直接的联系。我们说石油来自盆地,跟盆地对应的就是山脉。比如说昆仑山鼓起来了,前面的塔里木就凹下去成为一个盆地。

【主持人】大家再一次以热烈的掌声感谢杨教授,我们今天的讲座到此结束。

地震与健康监测预测

主讲人:王新安

讲座时间:2018 年 9 月 22 日

讲座地点:深圳大学城图书馆四楼 413 报告厅

主讲人简介

王新安,北京大学深圳研究生院信息工程学院教授,博士生导师,集成微系统科学工程与应用重点实验室常务副主任,地震监测预测技术研究中心主任,深圳市半导体行业协会副会长。近 10 年发表论文 170 多篇,申请专利 130 多项,其中已获得授权 50 多项。王新安的研究领域是集成电路与系统设计,他承担了 30 多项国家、省、市课题,包括国家科技重大专项、“863”课题、省部产学研重点项目、市各类科技计划课题等;同时承担了 20 多项企业合作项目。已经培养研究生 200 多名。近 5 年在开展集成电路与系统设计的同时,围绕结构健康监测、生命健康监测、食品安全检测等关系国计民生的应用领域开展了传感器件与集成技术及应用系统的研究。

主要内容

本报告深入介绍了报告者及其团队在地震监测和健康监测领域的研究工作,揭示了这一双重使命的挑战与前景。首先,报告探讨了地震监测所面临的困难,并详细介绍了他们自主研发的 AETA 地震监测系统,展示了初步观测到的异常波形等成果。随后,报告者提出了通过监测睡眠、运动、饮食等生活习惯来延长寿命的观点,并介绍了他们研发的心脏活动监测贴。初步结果显示,通过监测血糖、心脏活动等参数,可以判断疾病的发展趋势。最后,报告者呼吁将地震监测与健康监测相融合，实现对天地活动的整体观测，并逐步提升健康水平，最终达到与自然和谐共生的境界。这一目标需要持续进行监测、数据积累，并获得各方面的支持和合作。

今天的主题分三个部分，先讲地震，再讲健康，最后介绍一下未来的研究设想。

一、地震监测

由于刚刚过去的“山竹”台风，大家应该说对气象灾害非常熟悉。实际上地震灾害在我国最近十年也是不断发生的，尤其是九寨沟的地震。可以说地震与我们每个人都可能相关，因为我们国家很多美丽的景区都是地震的危险区。九寨沟地震时，我有深圳的朋友和西安的朋友正好在九寨沟游玩，非常幸运，地震发生在晚上，当时他们都离开了景区到外面住宿。如果九寨沟地震发生在白天，那后果不堪设想。

同样，健康问题、生老病死到底是我们认为的自然规律，还是仅仅是一种社会现象？

生，自己决定不了。

老，能否延缓？

病，能否不病？

死，能否长寿、永生？

大家都在努力，都不希望生病，也都希望长寿，但是我们能否从青春到死亡免除疾病的痛苦，我觉得也是我们应该关注的方向。

所以我就选择两个点，一是地震，二是健康，对这两方面进行了研究，希望能够深化对我们所生活的地球的认知，也希望我们更多关注对自身生命的理解。

我们先看看地震预报（表1），这是目前我们国家地震预报填预报卡的一个标准，如果是7级以上地震，预报时间90天以内，预报半径在200千米的范围，就算预报准确。半径200千米是一个什么概念呢？从南到北基本上已经跨过整个广东省了,这个预报对老百姓的帮助是非常有限的,因为你不可能在三个月的时间内在一个省域的范围逃生,当然6~6.9级之间时间要短一点,60天,半径150千米的范围。5~5.9级是30天,100千米的半径范围。因为有可能威胁人们生命安全的地震一般是5.5级以上,甚至6级以上,才可能造成人员伤亡。

表1 目前地震预报的标准

等级标准	震级	时间/天	地域半径/千米
一级	≥7.0	≤90	≤200
二级	6.0~6.9	≤60	≤150
三级	5.0~5.9	≤30	≤100
余震	≤5.0	≤5	≤50

这个标准并不高,但是至今地震预报这个标准也很难达到,预报的准确率应该是小于20%,所以地震预报到今天仍然是一个难题。那么到底难在什么地方呢?

很多的研究表明,地震的发生可能与多种因素相关,因为作为一个星球,地球属于太阳系,太阳系、银河系无休止地变化,可能与太阳、月亮、金木水火土星相关,也有研究表明地震的发生与气候的变化相关,有旱震说等等。同时,现在更多的是讲地震的发生与板块的活动有关,但是无论怎么相关,地震的成因和机理仍然是一个谜,因为到今天为止并没有证明这些理论是完美的和正确的。

同样,在地震发生前,到底有什么样的前兆异常?宏观的天气异常、动植物异常、太阳强磁暴,以及更多的研究者关注的大地形变、地电地磁变化、水位的变化,还有水氡等气体的变化,测量的仪器有GPS测量地形的变化、重力仪测量重力的变化,等等。但是很遗憾,地震的确切前兆目前仍然没有被发现,没有证据能够证明什么是地震的明确的有效前兆。

地震的研究同样存在另外一个难题,就是它的非频繁性和不可重复性,所以很难在地球的同一个地点不断地研究和观测同样的地震,这使得它的实验难度非常大。

地震领域最著名的,也是耗时长达1/4世纪的地震观测研究,是美国的帕克菲尔德地震的实验研究。1979年到1984年预测这个地区会发生6级左右的地震,1985年开始汇集美国地震研究的几乎所有力量,加上欧洲的一些地震研究者的参与,在这个区域进行密集的设备布设,可以说把当时所有能够感觉对地震研究有效果的设备,如强震仪、形变仪、流体观测等等这些设备,都在这个区域做了布设。因为按当时的预测结果,应该是在1988年要发生地震,这是根据历史地震的统计规律推算出来的,每22年在这个地方发生一次6级左右的地震,已经发生了三次,认为第四次也必然会发生,从概率的角度推算,做了这个预测。结果到1993年还没有发生,大家等不起了,这个实验就关闭了,当时的信息技术远没有今天这么发达,观测仪器还做不到无人值守。不幸的是,2004年发生了"期盼已久"的地震。这个事情应该说在地震研究领域的影响非常之大,某种程度上我觉得是产生了一种负面影响,因为从1995年到1997年,一些著名的科学家在《自然》等期刊和会议上发表文章讲地震不可预测,因为确实他们付出了巨大的努力却没有预测到地震的发生。

在这种背景之下,导致世界各国包括中国在内,在地震监测预测方面停滞不前,因为帕克菲尔德的实验观测显示,地震监测预测的结果是徒劳的。

现在来看,当时的预报是基于概率统计的方法,今天的预报仍然还是基于概率统计的方法,没有什么实质的进展。这个方法我觉得本质上存在问题,和地震系统的专家也做了交流。我不是地震系统专家,我是做信息技术的,是微电子方面的研究者。因为概率统计的方法需要大量长期的历史地震数据的积累,需要多长时间呢?一万年不算太久,但是对我们的人生来说一万年已经没法等待。

今天我们遥望太空,可以观测的距离是用光年的单位在做计算,但是我们回头看地球的时候,苏联花了很大的代价,钻井的深度也只是达到12千米,而地球的半径是6 400千米,12千米这个距离对于地球和地下结构的探测几乎是遥不可及。可是打这12千米的钻井所铺开的场面和配套设施已经是一个中等城市的规模。

今天也有人提出了宏伟的计划,希望研究透明地壳,把地壳搞明确,甚至于透明地球,确实目标宏伟,但是实现无定期。

我们开展地震研究,觉得问题的本质在于缺乏有效的实验观测。地震预报的事情在2008年汶川地震的时候,围绕着地震可不可预测引起了社会上很大的争议，有支持可预测的，有支持不可预测的，都有诸多的道理。也就是在这个时候，我们看到各方面的争论，但是没有真正地静下来做一下实验观测，都缺乏充足的实验数据支撑。

在这个背景下，也就是2008年的汶川地震以及地震可不可以预测的争议引起了我们对这个领域的关注。从2010年开始真正思考如何来做地震的监测和预测工作，研究这个问题，我们也做了一些基本的假设。因为实际上如果把小的地震都算上，地震是非常非常频繁的，地震根本不是一个了不起的异常事件，它是一个非常普通的地球活动现象，只是大地震异常一点，少一点，但是小地震，我们感觉不到的地震，时时刻刻都在地下发生。

我们认为地震是地球的正常活动，我们只关注破坏性地震，也就是5.5级或者6级以上的地震，这些地震可以被定义为异常活动。同时，作为一个大的地震，它是一个巨大的能量释放过程，应该有一个能量孕育的过程，在这个过程中也应该会在一个大的区域出现震前的异常或者叫前兆。事实上，中国历史上对中国发生的大地震都有明确的前兆记载，只是非常遗憾，因为近代中国的落后，中国历史上的记载不被国际地震界所接受，他们认为我们的文字记载都是震后经历地震的人的口头描述，认为他们当时被吓傻了，所讲的都是胡言乱语，不足为信。但是作为一个中国人，我觉得当时的历史记载有它的严谨、真实、可信的成分，就像我们刚刚经历过的"山竹"台风一样，我相信在座的对这个台风的描述，可能有10%、20%，极端到50%的夸张，但是无论你怎么夸张，50%～80%的真实成分一定是客观存在的。同时，一个大的地震，在不同地方观察到的前兆现象也可能会有所不同，也会增加对前兆的疑惑。

我们认为，一个大的地震，在一个大的区域的不同地点观察到不同的前兆现象，可以理解为地壳不同的地质结构组成了一个不同的滤波器，在不同点观察的现象可能会不一样，这是非常正常的。我们进行观测的时候一定也是需要在一个大区域展开实验观测研究，而不能像美国在20世纪所做的，在一个狭小的帕克菲尔德地区来做实验观测，具体说就是要跨市跨省开展实验观测。

同时，因为地震预报的问题没有解决，我们尊重前人对地震成因、对地震所有研究工作的经验积累，尊重这些工作、借鉴这些工作，但是我们也不能受这些理论、假说，以及方法的限制，要努力去做一个大区域的实验观测研究。实际上，科学发展史，更多的理论突破与实验研究相辅相成，不一定需要等到一个理论完全成熟的时候才能开展实验研究。

同时,在与地震系统人士交流的时候,我也常常举一个我们日常生活常见的例子,就是妇女怀孕和生产,我们到今天也还不清楚人从哪里来,人到哪里去。人到底是地球自然的演变产生过程,像达尔文进化论所讲的,从猴子变来的,甚至于从海里面的鱼一点一点这样演变,从单细胞生物经过了多少亿万年的演变变成了今天我们在座的人类;还是人是外星人造的:到今天搞不清楚。尤其是在古代,我们根本不知道精子卵子到底是何物,就认识了怀孕和生产,任何一个成年人,甚至于大点的小孩,无论他有没有知识和文化,他都可以判断一个妇女是不是怀孕了,稍有一点知识和概念,都知道这个妇女预计什么时间要生产了,尽管他对怀孕的理论并不清楚。

地震我觉得也应该从这个角度来进行研究,开展能够支撑大区域密集观测的实验研究,这就是我们对地震问题研究的一个基本想法。

为此,我们设计了一个地震监测预测系统 AETA(图 5),这个系统当然要符合上述要求,也借鉴了地震系统对地球变化的一些理解,无论是物理场还是化学场,但是前提是要易于布设,易于运行维护,同时成本不能太高,因为要在一个大的区域布设,还是越便宜越好。

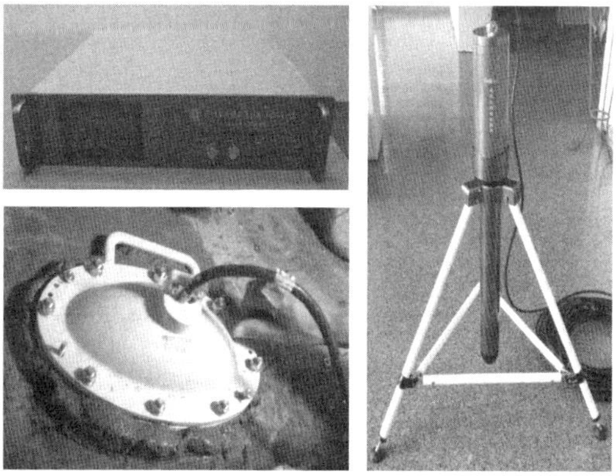

图 5　AETA 系统

现在这个设备经过几年的努力,已经完成。主要开展地声的探测和电磁扰动的探测,因为电磁场的变化反映的是一个地区地球物理场的综合变化,而地声的变化可能反映的是另外一种前兆变化量,当然如果有条件,也可以再选择更多的观测量,但是为什么只选择两个量呢?更多的是出于成本的考虑,观测量越多,成本越高,选择一个量又太单一,两个量能够实现相辅相成。

这种选择实际上也是借鉴我们对生活现象的一些认识。以把一壶水烧开为例,判断这个水开不开,可以量它的温度,也可以看水的气泡,还可以听声音,这个例子告诉我们,判断水壶水开的问题,可能一个量就可以了,当然多维度会更加准确。

我们研发的地震监测预测 AETA 系统比较好布设,在地下挖两三米的坑埋进去就可以了,到底挖多深也做了实验,从放在井下 100 米、30 米、10 米、5 米,一直最后判定 2 ~ 3 米就可以了,因为越浅,施工成本越低,越深造价越高,打一个几百米的井,钻井费就要几十万元。

当然,表面上看,深有深的道理,深了之后似乎离地球的震源距离会近一点,但实际上意义不大,因为浅源地震也是几千米、十几千米,离你的观测点可能还有几十千米、上百千米,相对这个距离,地下 100 米、200 米和 2 ~ 3 米没有太大的区别,关键是要屏蔽掉空间的噪声。

截止到 2018 年 2 月,我们团队已经在云南、四川、西藏和青海的部分地区,就是川滇那个圈,还有首都圈,即河北、北京,加上广东、台湾地区,布设了 200 套实验观测 AETA 设备,现在还在不断地加强布设。

从观测到的波形来看,有一些新的发现,比如说从我们 AETA 设备上能观测到的清晰的日变波形,大家在过去的观测中对日变问题重视度不高,甚至几乎不关注,很多仪器的观测都是一天固定时间去做一次采样。对于这种日变特性,如果一天只做一次采样,实际的变化很难被发现。这个日变特性,有云南的、四川的、河北的、广东的等等,不同地区都会有日变的特性(图 6 ~ 图 8)。

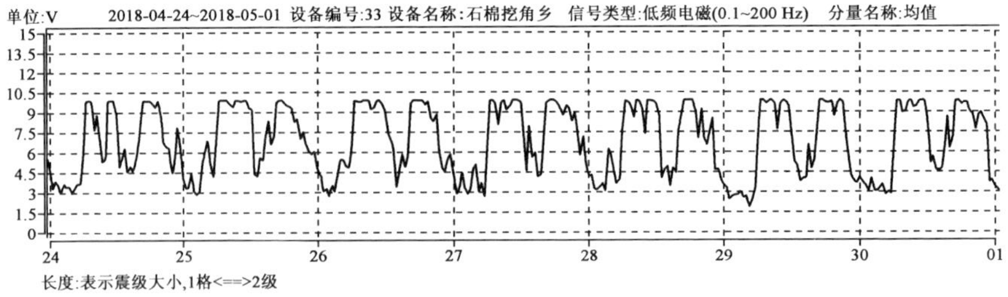

四川省石棉挖角乡的近似日周期波形:2018 - 04 - 24 至 2018 - 05 - 01

图 6　不同地区近似日周期波形 1

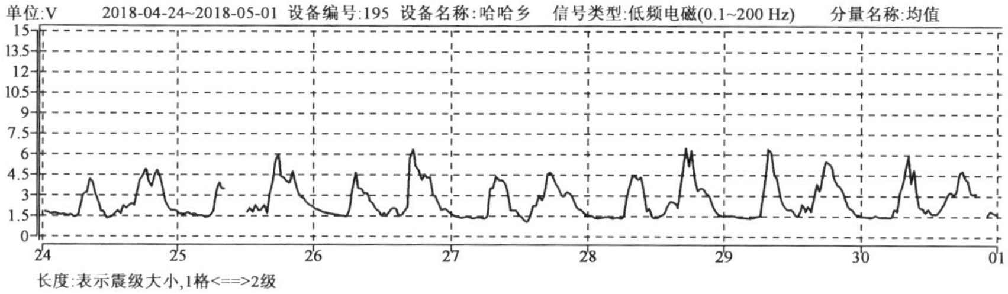

四川省冕宁哈哈乡的近似日周期波形:2018－04－24 至 2018－05－01

图 6(续)

同时,我们还发现有一个与日升日落基本同步的特殊的日变波形,这个波形通常发生在震中的附近,震中大概 50 千米或者 100 千米附近,会有更多这样的波形出现。我们理解它是一个孕震波形,一种典型波形,我们简记为 SRSS 波,就是在太阳落山后它升起来,在太阳即将出来之前降下来。这是通过实验观测发现的一种波形,在不少地方都会出现。

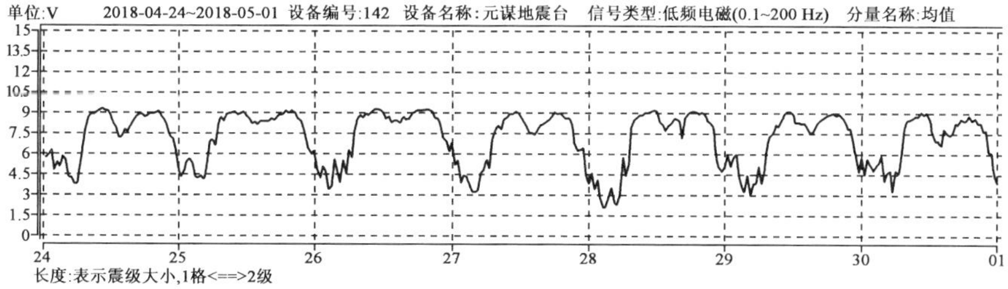

云南省元谋县的近似日周期波形:2018－04－24 至 2018－05－01

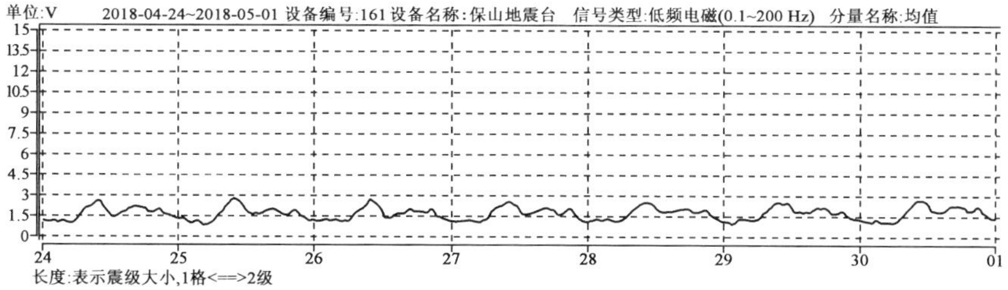

云南省保山市的近似日周期波形 2018－04－24 至 2018－05－01

图 7　不同地区近似日周期波形 2

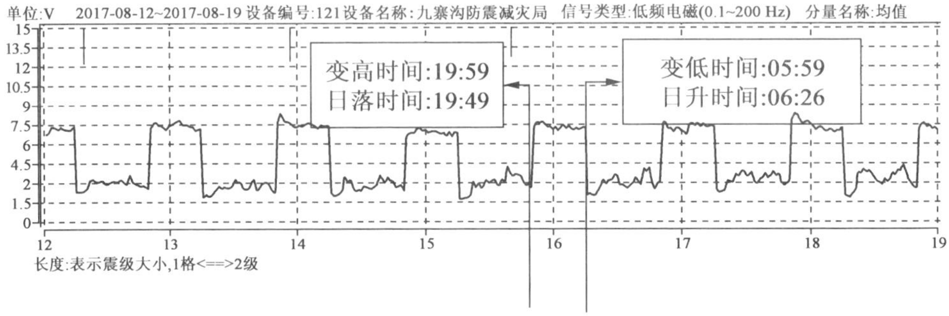

九寨沟防震减灾局的 SRSS 波:2017－08－12 至 2017－08－19

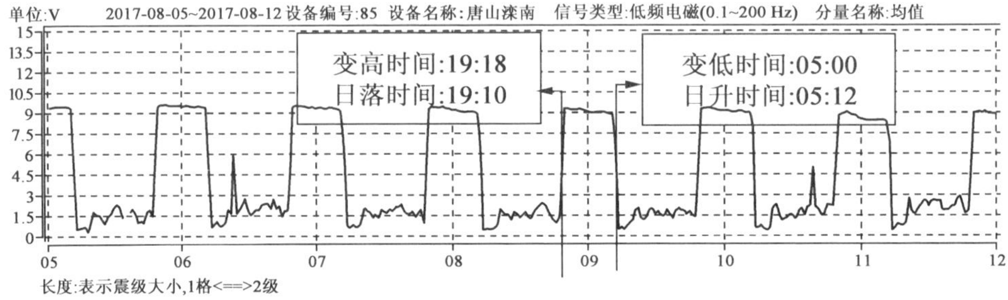

唐山滦南的 SRSS 波:2017－08－05 至 2017－08－12

图 8 不同地区的 SRSS 波

下面就结合这种波形的变化来看几个震例,一个是去年的九寨沟地震。去年九寨沟地震发生时,在四川我们布设了 36 套设备,在九寨沟地震前 16 台设备观测到了震前异常(图 9)。但是,即使当时发现这么多的台站观测到异常,我们也不知道九寨沟会发生 7 级地震,因为你没有历史数据的基础,所以异常归异常,在事后我们才知道大地震发生前应该会是这样子的异常,但是没有这样的大地震的积累,我们依然是盲目的。

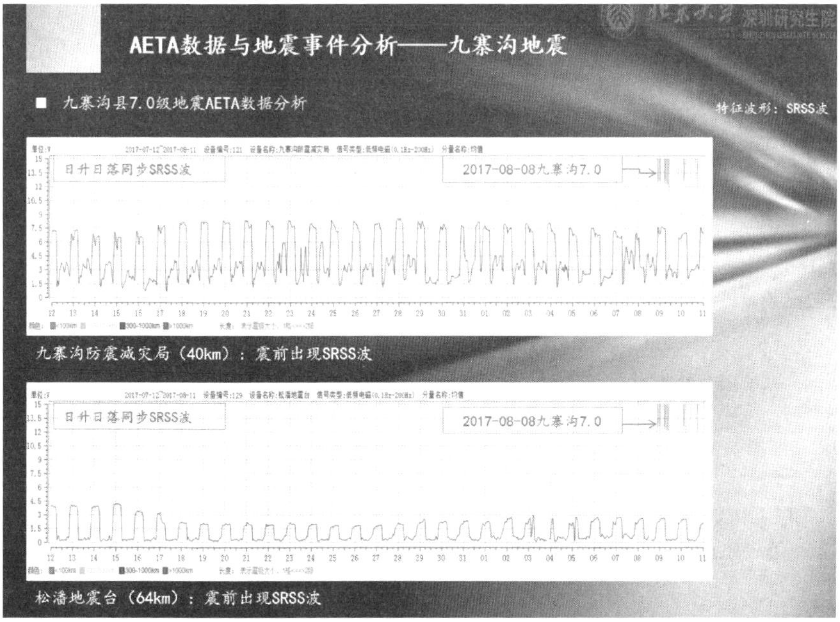

(a)

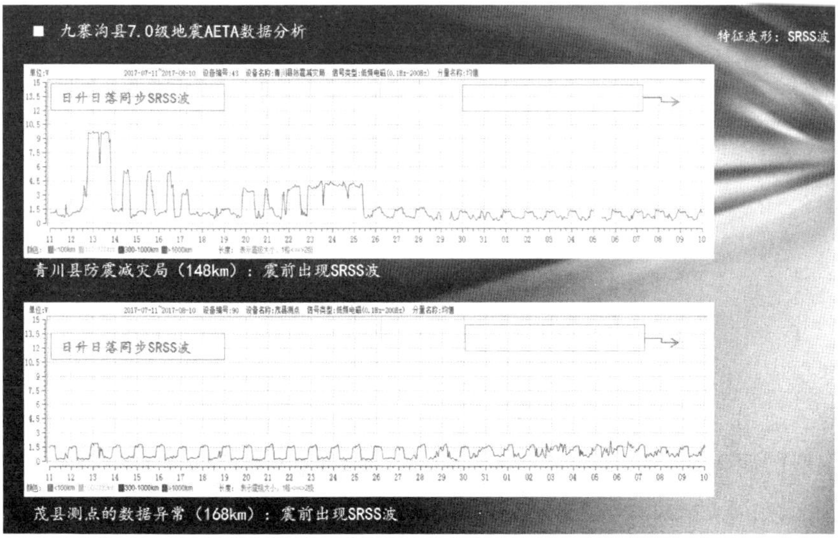

(b)

图 9　AETA 数据与地震事件分析——九寨沟地震

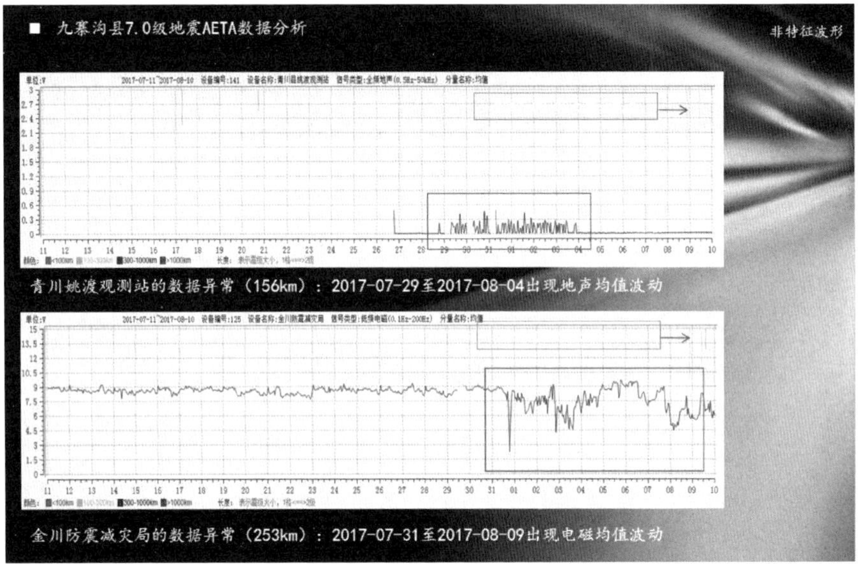

(c)

图 9(续)

图 9 是具体的异常的波形,我简单列举几个,一个是九寨沟,在波形发生畸变一天之后地震就发生了,当然之前也有一定的畸变,前一天是严重的畸变。另一个松潘,发生畸变几天之后地震发生。还有青川,青川是之前有一些大的变化、大的波动,到震前只有一些小的波动。我们可以看出不同的台站在震前发生异常的时间、异常的形态可能会有不同,之前也讲了在不同地点,因为地质结构的不同,会导致异常的不同。此外,还有泸定、峨眉山,这都是电磁的,包括金川、青川姚渡,有些波动非常明显,像青川姚渡的波动就非常明显。

这是地声的,峨眉山的地声比较典型,峨眉山这个地声之前就不断地变异,九寨沟地震前出现大的变化,当然震后再没出现这么大的变化。基本上峨眉山一旦出现类似的变化,那么差不多在半个月之内在它相关的经纬度区域就会发生一次地震,近处可能会是 4 级左右地震,远处就是从相关经纬度上看,南海、菲律宾、印度尼西亚会有 6 级左右地震。

九寨沟地震对我们的数据分析来讲有非常大的帮助，在九寨沟地震后第三天我到了地震现场，在周边做了更多的布设，现在我们也经常会回溯九寨沟地震前各台站数据的变化，思考未来大地震发生之前可能会出现什么现象。

九寨沟之后我们就在九寨沟青川一带加密布设了一些设备，青川防震减灾局的 AETA 台站有很好的表现，一旦出现刚才讲的日升日落同步的波并发生变异之后，就可能会发生地震，如果有连续两次的变异，就有可能会发生两次小震。

去年 9 月 30 日的青川 5.4 级地震，由朝天区防震减灾局基于 AETA 观测数据准确预报出来了。朝天区的一个工程师叫林强，在 28 日发现了多个台站的观测数据异常，29 日给我打电话，我也认为是震前异常，应该会发生不小的地震，接着 30 日就发生了。

后来我们又在青川房石镇布设了一个 AETA 台站，这个台站也是非常好的，只要有 SRSS 异常，后面就会有地震发生。

现在我们再探讨一下地球相关经纬度的问题。今年松原的 5.7 级地震，以及苏门答腊的 6.4 级地震，在多个地区震前出现了同震效应（几乎同时发生类似异常），如果没有这么多明显的同震效应，我们对相关经纬度的认识可能还会继续推迟。实际上，相关经纬度的最典型的示例就是汶川地震，汶川、北川到青川是从西南到东北的斜向条带展开，因此可以理解松原地震在西南有反应，这个条带我们理解与地球运行的黄道与赤道的倾斜夹角有关。当然，我们也会很自然地关注与上述条带相垂直的另外一个条带，这个条带就从川滇延伸到了南海海域。

这是九寨沟 AETA 台站对这两个地震的反应（图 10、图 11），从这些数据来看，至少验证了我们之前的一个假设，越大的地震异常波及的范围越大，或者说越大的地震越容易捕捉到前兆信息。

这是刚刚发生的云南普洱墨江的 5.9 级地震，震前四川甘孜也是波形发生了畸变，但是很遗憾的是在云南普洱地区，之前两次准备去布设的时候都赶上当地的雨季，这个地区我们布设的 AETA 台站很少，明天我们再过去，把这个区域布设起来。

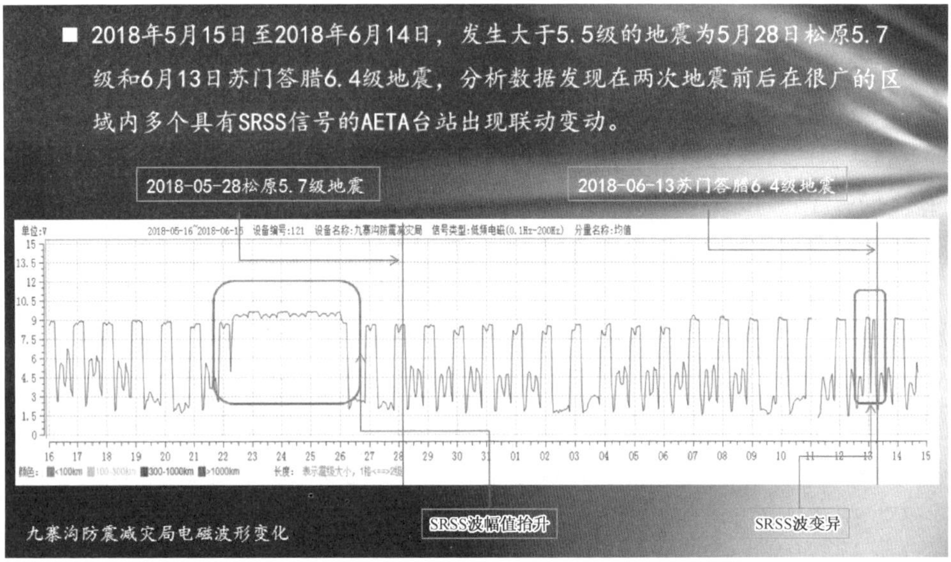

图 10　九寨沟防震减灾局电磁波形变化

从我们目前 AETA 台站观测的数据来看，地震的孕育发生与特殊的 SRSS 波有密切关系。一方面，四川发生地震的区域，如果周围有我们的 AETA 台站，就一定会在震前发现 SRSS 波。有的地震发生区域没有我们的 AETA 台站，震后我们迅速派人在震中周边区域进行流动观测，一定会发现 SRSS 波。

相关经纬度，一个是东北西南方向，一个是与之垂直的方向，当然也不是那么严格的垂直，地震发生前，在这个相关经纬度的区域会有异常出现。上周跟中国地震局阴朝民副局长和监测预报司吕志勇副司长讨论，为了监测好川滇地区，可能需要在福建和海南布设台站，进行对比观测和相互印证。同时，为了监测川滇，我们也邀请了孟加拉国的达卡大学的教授过来，探讨在孟加拉国、缅甸、尼泊尔和印度北部进行联合布设，希望能更大范围地进行监测。

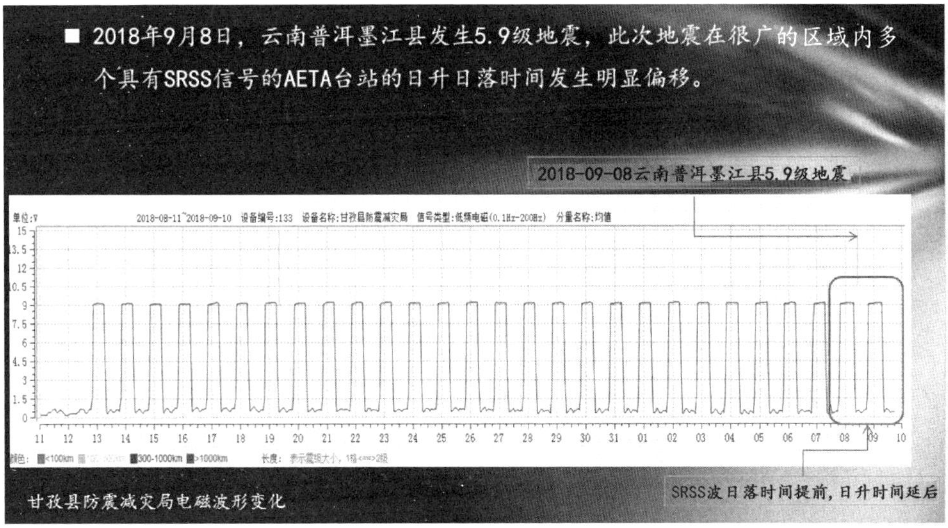

图 11 甘孜县防震减灾局电磁波形变化

通过观测数据，我们一再探讨地震的成因，认为地震的成因就是地球的自转和公转引起的地下熔融物质向上的冲击，这个问题过去一直没有深入研究。事实上，历史的研究已经能够表明地球由地壳、地幔、地核组成。地壳包括岩石圈是硬的地方，下面的地幔有硬的、有软的，熔融和非熔融的，地核现在还说不太清楚，如果地下面有熔融的物质，那么在地球高速自转和公转的情况下，向上对地表的冲击是一定的，这种冲击力应该会造成我们能够探测到的所谓的地震发生。

地震监测预测方面的研究已经开展了 8 年，理想的目标是希望能够在地震预测方面把 7 级以上的地震时间缩到一个月以内，进而缩短到 20 天、10 天，半径也要逐步缩小，100 千米、50 千米，甚至于 25 千米半径（图 12）。因为只有这样，地震预报才可以大胆地发布，因为它的影响能限制在一个乡镇，不会造成大面积的恐慌。同时预报的成功率也要大大提升，当然为达到这个目标，还需要继续努力，需要更高密度的 AETA 观测台站，一个县 5～10 个，同时还需要震例的积累，积累更多有效的震例观测数据。

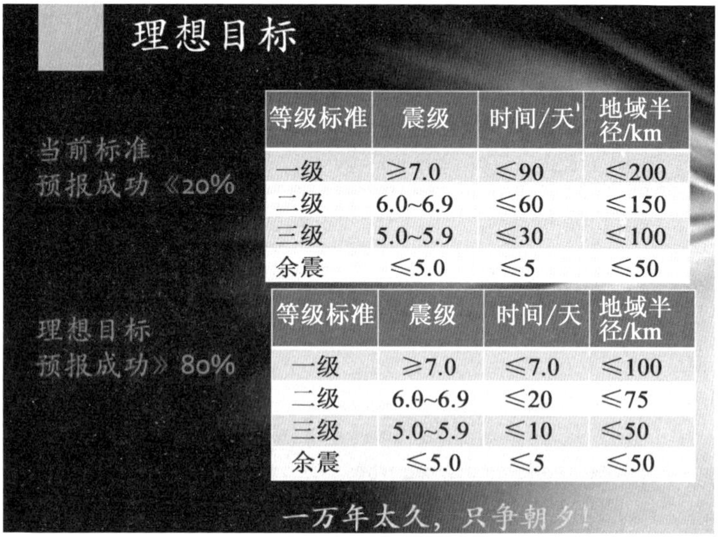

图 12　地震预测的理想目标

地震的工作,我就介绍这么多,可能对于地震的工作大家感受没有那么强烈,但是,通过这个介绍,我们希望大家能够加深对地球的认知,当然地震只是一个认识的维度。

二、健康

下面,我们就谈谈健康。在我们传统的观念中,包括现在应该还是一样,寿命有时候甚至比健康更重要。到了医院里面,确实看到那么多的人,那么痛苦地在做着复杂的治疗,目的就是为了多活几天。

我们换个角度来看待寿命的问题,可能会愉快一点,就是人到底能够活多久。谈到寿命,如果说人本身应该能活得很久,只是我们没有活久,那这个问题就值得认真对待。人的寿命理论极限是 150 岁、300 岁还是 800 岁? 过去说 100 岁,现在看来 100 岁是错的,因为已经有活到 119 岁的,也有活到 126 岁的,这都是现代还活着的人,100 岁显然是错的。

我们看一下相对可靠的记载,苏联的一个人类学家口述他遇到的真实故事,他遇到了三代人，先遇到了80岁的人，在抱怨他父亲打他，他父亲113岁，他父亲打他的原因是他对他爷爷不尊重，他爷爷143岁，如果我们相信这个人类学家讲的他经历的事情是真实的，就有人已经活到了143岁。

我查到的有三种说法，可能还有更多的说法。一是说人的极限生命是他成熟期的5～7倍，那就是100～140岁，这个说法至少现在是不夸张的，因为人已经活到了119、126岁，往前冲一下，140岁这个目标好像是可达的。因为毕竟人在前面活的这么多年的过程中总会受到一些这样或那样的伤害，否则，活到140岁应该是没有问题的。第二种说法是日本的科学家讲人的寿命可达到人的性成熟期的10倍左右，即108～145岁。这个和第一种说法的数字差不多，实际上都是从人的成熟发育这个数字来推算的。第三种是从细胞的分裂次数计算，这个推算的寿命比较保守一点。我觉得这三种说法的寿命数都偏保守，科学家总是比较严谨，也就偏于保守了。

中国的一些历史名人，传说中活得最长的就是彭祖，四川现在还有彭祖庙，传说中他活到了800多岁。武当派的创始人张三丰，考证不详，据说是活了200岁左右。为什么讲要活多久呢？因为活多久是很重要的，活得越久，就意味着我们的健康目标和生理指标，甚至整个生活状态和社会模式会发生巨大变化。如果你界定了就是100岁，那你80岁老态龙钟，60岁基本健康就不错了。如果你说可以活300岁，那200岁你应该还是生龙活虎的，整个社会生活会发生巨大的变化，我们的工作、生活、医疗与今天会有很大的不同。

但是很遗憾，到今天活多久的问题还是没有搞清楚，这个问题也不能靠社会实践来慢慢研究，靠经验数据来证明，这个问题我们不知道什么时候能够搞清楚，当然实际上健康问题没有搞清楚的还有很多。大问题我们既然搞不清楚，我们就看看小问题，日常生活中的问题，这个可能会与我们更密切相关。如我们每天都要睡觉，但是我们为什么要睡觉？能不能不睡觉？能不能一直不睡？能不能几天不睡？或者睡眠到底解决什么样的问题？

关于能不能几天不睡，美国已经开展了不少的研究，让人几天不睡，是因为战争的需要，如果一支部队能让士兵三天不睡，就意味着一万人的部队是三万人的战斗力，那打起仗来对手就吃亏太大了，因为对手要睡觉，他可以一直不睡地战斗。睡眠问题研究到现在,长期不睡肯定是不行的,但是睡眠究竟解决什么问题,其实质还没有搞清楚。

从另外的角度看,在今天的社会,我们怎样能够实现健康的睡眠,越来越成为一个困难的问题,睡眠好的人不多,年轻的好一点,上了一定岁数睡眠好的人很少。所以怎么监测、怎么评估、怎么改善睡眠的健康,或者进一步通过睡眠的监测,能够发现什么样的健康问题,这都是非常重要的,因为人在睡眠中可能会释放更多的在清醒时释放不出来的信息,能够捕捉到更多你意想不到的发现。

同样,与睡眠相对应的就是运动,我们也没有研究清楚。人为什么要运动?我们讲生命在于运动,也有人说生命在于静止,因为乌龟很少运动,也很长寿。我认同生命在于运动的观点,说乌龟不运动,这是观察得不够认真细致,因为我发现乌龟的运动量是极大的,说乌龟不运动的人是没有认真地观察与思考。为什么说乌龟运动量大呢?人的运动通常包括肢体的运动和内脏的运动,乌龟就那么四个小腿,很短,它要驮这么大的躯干,它和一匹马、一头牛的四肢所负的重量是完全不成比例的,所以从这个意义上讲,乌龟的四肢的运动量应该是很大的,你可以想一想,一个人如果背上也驮上类似乌龟四肢承载的相应重量的时候,他能坚持多久。乌龟的脑袋也很特别,它的伸缩速度和力量也是其他动物的脑袋难以比拟的,尤其是乌龟的内脏与乌龟的脑袋沿着脊椎下面紧密相连,伴随着它的脑袋伸缩,它的内脏也有大幅的运动动作。实际上我们人体,最难运动的就是内脏,你光活动四肢没有用,内脏不健康照样是百病出,所以说乌龟是一个运动健将。

但是并不是每一项运动对每个人都是适合的,都是健康的,如何让运动有助于你的健康,如何监测你运动的心理和生理指标,保证你不会受运动的损伤,这个是非常必要的。

我们讲睡觉、运动,还有一个就是吃饭。实际上吃饭也很令人迷茫,我们也不知道到底应该吃多少,我们一天应该吃多少顿饭,应该什么时间吃,大人不知道,小孩子更不知道。吃药也一样令人迷茫,人们并不知道吃多少药最合适,实际上这些常规的问题都在损害着我们的健康。

所以监测我们应该什么时候吃,到什么时候不吃,什么时间应该喝水,什么时候应该不喝,一定会对我们的健康有很大的帮助,同时也会大大地节约社会资源。

据说,在明朝以前人们一天只吃两顿饭(未经考证),到后面随着物资的丰富,人们越来越懒惰,没事干,才开始多吃一顿,因为做饭本身很耗费精力,尤其是中国人的饭相对是比较复杂的。当然,今天也有不少地方,比如一些山区,一天还是吃两顿饭,早晨起来不吃饭就翻山越岭到自己的农田去,在农田里干一会儿活,再吃带去的食物,饭后继续干农活,回到家里太阳也差不多快落山了,再吃一顿饭,一天也就是两顿饭。所以到底该怎么吃饭这个问题也不是很清楚。现在,还有一些人修行,过午不食,一日也是两餐。当然,不吃饭不行,健康是吃出来的,同时疾病也是吃出来的。

更重要的是当我们患病吃药的时候面临的问题。我们到医院里看病,作为一般的门诊病人,药一般一次开三天甚至一周,拿回去吃。等病人回去吃这个药的时候,发现越吃越痛苦,越吃越难受,总算坚持吃完了,第二次再去,大夫说再换一种药,这时病人已经吃了三天或者一周,不仅无益还可能有害。吃错药也是正常的事情,这是医生诊断治疗疾病的一个合理的、科学的试错过程。即便如此,也造成了很大的浪费。所以能不能在吃完药几个小时之后就告诉我们药合不合适,继而调整用药,这是一个很有意义的事情。

吃药的原因是生病了,可是人为什么会生病呢?目前威胁我们生命的是高血压、糖尿病,让我们恐惧的是癌症,这些疾病的形成过程什么样?不少人年初体检时还是健康的,到了年中再一查,癌症中晚期,这些现象还很普遍,怎么能够实时监测生病的过程,尤其是能够指导我们不生病。

实际上这些问题在我们中国古代的《黄帝内经》中都有若干的解释,我这里简单展示一下。上古有真人……无有终时;中古有志人……也归于真人;其次有圣人……亦可以百数;其次有贤人……亦可使益寿而有极时。换句话说,可以做到无疾而终,不生病尤其是不生直接导致死亡的疾病,并不是一个不可追求的事情。

同时对得病的现象也有说明。吃饭不要多吃,也讲了因而饱食,筋脉横解,大饮也不行等等。这些问题作为古代的人,或者说对于自然有更多感悟的人、对于自身有更多内审的人可以做得到。但是今天我们要做到这些就变得非常困难,尤其是自觉做到,年轻人就更加困难。所以如何来监测这些问题,进而避免生大病也很有意义。

从中医的角度,大家最熟知的就是不治已病治未病,就是如何不生病,或者说及时发现并避免疾病的风险。

以上的介绍是我们开展健康研究的出发点。我们开展健康研究,首先就是想观察这些现象。最先选择的一个切入点,就是心脏的活动监测,先从这里入手。因为心脏的活动与呼吸密切相关,我们有呼吸才有心脏的活动,或者说有了心脏的活动自然就有呼吸,这两个是密切相关的,哪个一停,另外一个也接着要停掉,停掉了人也就失去了生命。

通常来讲,如果我们跟汽车相比较,心脏就相当于汽车的发动机,它为我们的身体提供动力,给我们身体提供能量,运送营养,清除垃圾,这是一个不断循环的过程。心脏的活动可以直接或间接反映血液、血管、内脏的健康与疾病的状况,当然脉搏可能反映的效果更好,只是我们目前还没有找到合适的监测脉搏的有效方法,脉搏太复杂。所以我们希望能够从心脏活动的监测来切入健康与多种疾病的关系研究,服务于疾病筛查、慢病管理以及风险预测。

这样也可能会有助于解决怎样及时调整吃药的问题,围绕这个目标,我们也做了一个系统,这是一个小小的贴,能监测心脏的活动,通过这个活动来分析,做各种的频谱分析,看各种可能的状态,当然要对不同的疾病展开分类的研究(图 13)。

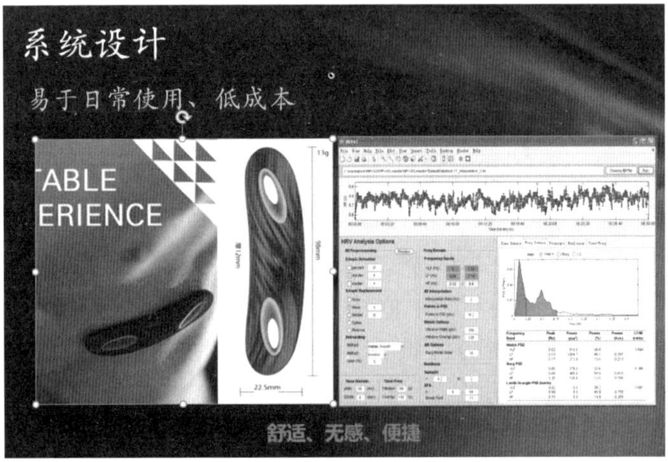

图 13　心肺监测贴

我们在深圳市第二人民医院内分泌科对糖尿病住院病人做了一些跟踪和监测研究，目标是分析疾病的分类与趋势，未来用于患者的自我管理和风险预警，因为不少糖尿病患者离开了医院，自己怎么都很难做得合适，往往过一段时间之后还是有不少患者再回到医院去继续治疗，治疗完之后，好一些了，再出去，过一段再回来，如此循环，但是每一个循环都可能会加重一次。如果能够让他少来医院，不仅能节省医疗费用，更重要的是意味着让他更加健康。

同样，心脏病患者也存在风险预警，因为对于心脏病患者，心脏病的突发会带来生命危险，如果能够提前对风险进行预警，那么就可以主动进行救援和干预。我们在南方医科大学深圳医院心内科开展了实验研究。

图 14 是我们用监测的数据做的一个趋势，和血糖趋势做了一个对比，发现有一定的相关性，或者说有较好的相关性，当然现在实验数据还比较少，这项实验未来我们还会继续开展下去。

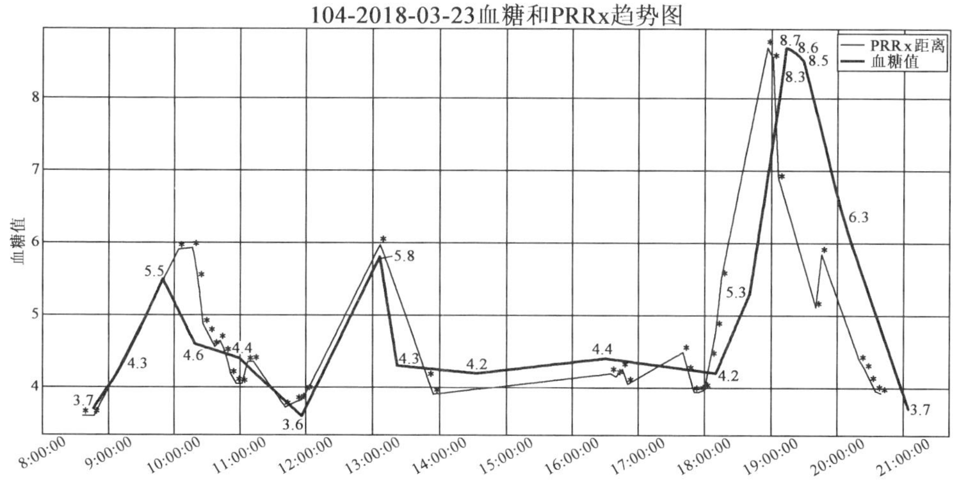

图 14　血糖、PRR_X 拟合图

这个方面的目标，就是希望能够通过量化来指导我们日常的健康生活，例如我们的睡眠、运动、吃饭，也通过监测减少不必要的医疗服务，同时也能够及时发现健康的问题和风险。当然，这个工作开展的时间还不太长，有两三年，未来可能还要再做两年、三年或者五年,可以说是路漫漫其修远兮。

三、对未来研究的思考

我们对未来研究的思考,最低层次的,就是做到无疾而终,就是要法则天地,像似日月,辨列星辰,逆从阴阳,分别四时。我们希望通过仪器对地球活动的观测,结合生命健康的观测,再往上提升。

结语更多是感谢,感谢给予我们启迪、给予我们思考、给予我们信心、给予我们指导的人,感谢合作伙伴,也感谢项目成员,更感谢深圳市科创委对项目的资助。

我也分享一下这些感谢的内容,中国古代的哲学家老子说,人法地,地法天,天法道,道法自然。中国古代的哲学有它独特的价值。

另外,我觉得作为一个现代人,还是要不停地进行理论的思维,无论我们做什么。恩格斯讲"一个民族要想站在科学的最高峰,就一刻也不能没有理论思维",所以我们要不断地工作,不断地思考。

从科学研究的角度,查理德·费曼(1965 年诺贝尔奖获得者)的一些观点我非常认同,"不要惧怕质疑,而应该欢迎它、讨论它,而且毫不妥协地坚持拥有这种自由","发挥想象力,构想出一种你从来没有见过的东西,它的每一个细节都与已有的东西相一致,但它本身则与所有已能够想到的不同","定律不是观察结果,实验总是不精确的,定律都是猜想出来的,是对未知事物的一种推断"。

我们在工作中也得到王阳元院士、杨芙清院士的长期指导,同时陈运泰院士对地震领域研究的综述论文,胡大一教授对心脏活动的分析论述,以及马谨院士的应变实验模型研究,也都给我们不少的启发。

我们的工作也得到深圳深创谷、武汉大学计算机学院和中兴新地这些合作项目、合作团队的协助和支持。包括在实验过程中,中国地震局、各省市地震局的支持和配合,使得一些实验研究能够有效地开展。我们已经开始在几个医院开展一些合作工作,未来可能和医院的合作会更多。

谢谢各位!

提问环节

【主持人】感谢王新安教授与我们分享了研究内容，其实王新安教授是一个研究集成电路和传感器的专家，今天他却对我们健康生活的一些现象提出了很多的问题和思考，我也一直期待能够听到他对这些问题的解答，但是很遗憾，没有。其实从这个角度上我们也可以这样想，今天很多都是学生，我们在进行学习，我们不断地在学习知识的过程当中倾听老一辈的专家学者的质疑声音，以及把这些东西带到我们的研究过程当中。

接下来是互动时间，在座的各位有没有什么可以向教授发问的？我先来提第一个问题，在座的可以思考一下你的问题，举手向我示意，每个人只能提一个问题，提问题要尽量精简，不用做过多的对刚才讲座的阐述，把你的问题提出来，希望教授能给你一个解答。我的问题是王教授您刚才提到了对于心脏监测的研究，你们现在大概研究到何种程度？现在我们经常戴手环，进行健康监测，能够测睡眠质量，像这样一些东西我测出来以后到底对于我个人来说有什么样的帮助？想让您给大家分享一下。

【王新安】用手环来测睡眠，它并不精准，它测量的实际上与心脏的活动没有关系，手环主要是测你的手臂身体动作，如果你动作频繁，就意味着你的睡眠不好。

我们在睡眠监测这一块，原来在实验室的两个研究团队，通过将仪器放在枕头下面或者放在腰后面，监测你心脏和呼吸的震动，进而监测睡眠。另外，刚才在这个讲座上展示的心肺监测贴，实际上是单导联简易的心电贴，这个也是测心脏的活动。目前正在研究的就是准备把测地震震动的仪器移植后用来测心脏和呼吸的震动，包括未来也会结合光和其他图像，因为希望对人的监测尽量舒适无感，就要采用可穿戴的，或放在屋子里不同地点来进行监测心脏的活动，实际上并不需要时刻进行长时间连续的监测。一周监测一两次，每次监测几个小时，这些数据积累下来，就能反映你的一些变化过程。最了解自己健康的应该是自我的感觉，但是人的感觉记忆是短暂的，感觉到不舒服了，再追溯哪一天开始不舒服的，到底是为什么不舒服，实际上是无法追查的。这些数据积累下来之后，经过一个周期，你自己健康的管理就出来了，尤其是对于慢性病患者，这种数据就更加重要，当然还要做很多的分析，谢谢。

【主持人】谢谢您，下一位，请接着提问。

【观众】王教授，您好，我在深圳的一家公司工作，我叫李晓东，想请教您一个问题。您在第一部分的地震中提到的 SRSS 现象，是说只要发生这个现象了必然接下来就有地震发生，每一次都印证了，还是说大部分时间得到了印证，而有的时候没有印证到呢？我想请教这个问题。

【王新安】SRSS 波，我们现在通过观察来看，认为它是一个孕震波形，如果没有地震，在这个震区的周边范围内一定不会出现这个波，这是经过多次的观测已经验证的。但是有了这个波的出现，不一定地震，因为叫孕震波形，就像女同志怀孕一样，她最后不一定正常生产，也可能前面有各种因素导致流产，地震的活动也类似，可以理解为是地球的生理活动。我们如果假设这个波出现是一个孕震的过程，当它发生变异，目前看多数时间在 10 天以内或者一周以内就发生地震，它不变异的时候通常是正常的孕育过程，而这个变异之后很有可能是有地震的，但是也不能仅凭一个台站的 SRSS 波就做出判断。仅凭一个的话，它变异了，可能没近处地震，是远处发生了地震。刚才讲地球运转时相关经纬度都可能在发生着变化，所以如果结合整个监测台网多个台站的现象来看，根据这种 SRSS 变异判断地震，目前我们认为还是比较可靠的。

当然，这还需要更多的数据验证，尤其是 6 级以上大地震的验证，因为大震的验证才能让现在的地震系统完全接受，才能更好地证明这个系统可用，造成这个问题一个很大的原因就是刚才讲的 20 世纪美国人做的帕克菲尔德地震实验，大家都会拿那个做标杆，你准确抓到了一个 6 级地震，并且数据展现出来，全世界都认同;你没有抓到,大家都说那还是不一样。你抓到了5级、4级,他说6级和5级、4级不一样,所以6级就成了一个标杆,谢谢。

【**观众**】王教授,您好,我是校外观众。我有一个比较有意思的问题,我想问一下,我们人类能不能像电视里面一样具有一种驱物的能力?

【**王新安**】这个问题我就比较难回答了,你对这个有什么认识呢?我想听听你的意见。

【**观众**】我觉得就是用一种思维去驱动一个东西运转,人的思维与无极分子或者什么产生某种联系,有可能实现这种功能,我是这么想的,不知道从科学的角度上能不能实现?

【**王新安**】在这个问题上,我至少到目前没有话语权,因为这个方面我没有开展过研究。我碰到过一个比较有修行的人,他讲适当的时机会给我做一次表演,他说可以做到大概离他几米的距离,在瓶子里放一个东西,把盖子盖好后,他完全不碰这个瓶子就能把里面的东西取出来。他还会做一个表演,在那儿打坐,之后慢慢身体腾空,那就已经超出了引力的作用。但这两个事情我都还没有见到,只是他讲他有这个能力。就您这个问题本身,我并没有开展任何的研究,我现在的研究还是局限于刚才描述的这些问题,以现在能运用的技术手段,试图客观地展现一些我们过去忽略的或者无法准确描述的自然现象和生命现象,关于你的问题的更深入的这些方面的研究,我觉得是一个很有意思的事情,但是我确实没有话语权。

【**观众**】王教授,您好!我来自哈工大,今年是研一新生,我现在处于选导师的阶段,我想问一下,刚才您也提到了智能健康设备这方面,我想问您对于这个行业包括智能健康以及脑机接口这方面未来的发展状况,能不能有一个见解?

【**王新安**】从宏观上来看,智能健康未来的趋势一定是非常光明的,反过来是我们现代的人，按目前的趋势来讲，一定是越来越不健康，越不健康就越需要更多健康的设备来监测，来使人更加健康。关于脑机接口，在中医传统的概念中并没有强大功能的脑，只有心，中医认为心包含了脑或者心主宰着脑，但是西医认为大脑指挥身体的一切。这两个到底谁是谁非，我现在也没有研究。无论怎么样来讲，至少从当前我们所受的普遍教育和了解的概念来讲，应该还是大脑重要，自然希望脑机这种接口能够让你的想法、你的思想透过机器去执行，如果能倒过来当然更好，如果把机器的东西再灌输到你脑子里，那你也减轻了学习的负担，但是至少目前还比较遗憾，对大脑的研究几乎没有什么太大的进展，我们现在能看到的更多的脑机接口实际上测的不是脑电，而是大脑皮层活动的皮肤电，它测你紧张不紧张是测你的肌电，不是脑电。对大脑这个方面的研究还比较少。当然这是一个很好的领域，这个方面我也没有太深入的研究，谢谢。

【观众】王教授，您好！我是一个高二的学生。平常大家上课会很困，想睡觉，但是偶尔会有那种你可能没打瞌睡多久，突然打了一个激灵就醒过来的情况，所以我想有没有一种电流控制在一定量，以一种传感器的方式唤醒大脑的活动，来避免这样的瞌睡情况。现在有没有这样的装置呢？

【王新安】现在有这样的装置，并有一些应用在抑制司机的疲劳驾驶方面。将装置戴在他的肩颈部，一旦检测到他疲劳了，就会有一个电刺激，当然那个刺激可能会很不舒服，但能够让他清醒。但是我不建议中学生去使用这种设备，困了该睡就睡，来日方长，身体是革命的本钱，坚决不要抗疲劳去学习。

【主持人】在互动的过程当中，王教授您对于刚才提出的那一系列问题，能否透露一些你们目前的研究进展？如果在问题当中能够穿插着给大家介绍一下也非常好，要不然大家觉得还是蛮遗憾的，听了很多问题，但是没有听到结果。

【观众】王教授，您好！我是高一的在读生。我刚刚听到了这个名词——SRSS 波，我很感兴趣。刚刚看到那个图片，它主要是存在于亚洲地区，以长方形的样态存在，那请问在欧洲、美洲地区有没有这种波形存在？您也说邀请了亚洲的一些国家一起辅助去监测，但是并没有美洲、欧洲的国家，我想知道是因为他们没有这种经验，还是有其他原因。谢谢。

【王新安】这个波形我觉得如果是在地震的活动地区，在地球上很多区域都有可能存在，因为它是一个孕震波形，之所以现在邀请的是与我们接壤的国家，第一个原因是要把我们的危险区看好，因为要看好川滇，那自然要往外延伸，要从更大的区域来看。同时我们也发现了问题，很多是来源于南海这个区域，南海好多地方不好布设，所以也会在印度尼西亚那一带布设，这都是为了我们国内的安全。第二个原因，毕竟这件事情从我们布设实验到现在还比较短，要让欧美国家认同可能还有一个过程，尤其是美国，因为它做这个实验惨败了，想让他接受这个事情，困难度就更高一点，大概就是这样。

【观众】刚刚看了一个介绍，说你有做 FPGA。中国的芯片研制到底到了哪一步？请您评估一下我们还有多久能够赶得上，国家对这方面有没有一些侧重和支持？

【王新安】这个问题不是这次讲座的范围，但是的确是我的专业范围，只能谈谈个人的观点，不一定对。应该说中国现在从集成电路的设计来讲，在设计技术上，华为的海思已经加入了国际的第一梯队，作为设计公司它已经位列全球前十，去年应该是排在第四位，所以以海思的设计力量，应该说设计这些高端芯片的能力是具备的，这是从设计能力来讲。

集成电路产业从现在各国的发展来看，都是一个基础的支撑产业，需要政府的持续支持。

【主持人】其实今天的讲座本来是想请王教授为大家讲一下芯片方面的话题，因为考虑到这个话题目前也是比较热的一个话题，但王教授说确实在这个领域里有很多话是没有办法说透的，他还是想讲一下他自己最近研究的热点，也是他自己感兴趣的一个话题。今天我们的讲座就到这里，我们再次将掌声送给王教授。

【王新安】谢谢大家。

【主持人】这是大学城管理办公室送出的讲座纪念证。现在在这里也做一个预告。我们讲座平常都是以周六下午为主，但 10 月 14 日，也就是周日，有一个科学与中国专家巡讲团，这个巡讲团中有一批院士，会在整个深圳地区或者是全国范围内进行巡讲，正好有一场放在我们图书馆，跟名家讲座在一起。大家可以关注，杨文采院士，讲的是关于地球方面的内容。感兴趣的话您可以来这里听，谢谢大家！本场讲座到此结束，感谢大家利用你们宝贵的节假日时间前来聆听，再见！

深圳离世界有多远

主讲人：李津逵

讲座时间：2018 年 11 月 10 日

讲座地点：深圳大学城图书馆四楼 413 报告厅

主讲人简介

李津逵，中国（深圳）综合开发研究院理事、资深研究员，北京大学客座教授。先后主持重庆永川、福建漳州等地城市化战略和深圳市社会治理创新等课题。在广东、北京、上海等地开展城市化、城市经营、产城融合方面的顾问、咨询工作。担任《中国城市发展报告》（2016、2017）编委并组织相关城市化案例。

主要内容

本报告以深圳的历史为主线，深入探讨了这座城市在文明史中的地位以及未来的发展方向。首先，梳理了深圳在农业文明时期的边缘地位，并凸显其在“海洋亚洲”中的关键地位。随后，论述了深圳在“西风东渐”中的独特地位，以及其在“反帝斗争”中的前沿作用。报告强调，改革开放使深圳成为改革的开端，在现代化进程中扮演了重要角色。最后，指出了深圳面临的挑战，包括成为双语城市、美丽城市、包容发展的城市以及超越困境的城市。报告全面深入地分析了深圳的发展历程，并对未来的发展进行了深刻思考。

一、农业文明的边缘

1985 年至 1989 年，深圳博物馆在大鹏半岛咸头岭新石器中期遗址开展了前后四期的发掘，当他们挖掘到地下第八个文化层的时候发现了精美的彩陶。经国内外专业机构测定距今 6 900 年,与素称“照亮中华文明第一缕曙光”的仰韶文化处在同一时期。考古专家们发现,咸头岭陶器的纹饰中有着与中原不同的波浪纹,具有清晰的海洋特色。出土的“石拍”是世界上最早的树皮布制作工具。考古专家发现,当时这里的先民过着一种海洋式的“游牧生活”,不仅在南海之滨的海湾之间自由地迁徙,而且从“石拍”的出土可知咸头岭文化在太平洋广大范围内都有传播。发生在华夏中原的春秋无义战并没有殃及这片世外桃源,直到秦王朝大军征伐岭南,热爱自由的百越人潜入深山野岭,宁与猛禽野兽相伴也不愿做秦王朝的奴隶,他们在英雄的率领下夜袭秦军,杀死了秦军统帅屠睢等数十万人。(《淮南子·人间训》:“越人皆入丛薄中,与禽兽处,莫肯为秦虏。相置桀骏以为将而夜攻秦人,大破之,杀尉屠睢。伏尸流血数十万。”)

百越先民奋起反抗秦军的时候,遥远的古希腊出现了文明的井喷,在前后两百多年间,政治、经济、法律、音乐、文化和戏剧等达到了令人惊叹的高度。古希腊奠定了整个自然科学的基础。这个基础是什么呢?我们研究一个问题,首先要把基本的概念厘清,比如什么是“点”,什么是“面”?然后约定好,使用的逻辑比如“等量加等量其和相等”。最后用公设约定好研究的场景,“过两点做且仅做一条直线”就是约定我们讨论的是三维平直空间。这样一种以概念、公理、公设为基础然后逻辑推演的过程就叫“公理化体系”。后世的科学家就是用公理化体系建立了力学、热力学、电磁学等学科。

那么人和人的关系、人和社会的关系怎么处理?在 2500 年前古希腊出现了一次人类社会的“基因变异”。在那之前,所有人类社会都是由一个“老大”指挥一帮“打手”以丛林法则管理社会,不服者杀,指鹿不为马者杀,用严刑峻法震慑人们听话服从。而古希腊人首创用民主的方式选举执政官来决策公共事务,这在人类历史上是没有先例的。这一次“基因变异”引领了全世界所有民族。当时希腊的学者来到埃及,看到平民见到贵族要像狗一样跪倒在地非常惊异。

雅典的执政官伯里克利对公民大会的代表说,为了纪念驱逐波斯侵略的胜利,我们要建一座卫城,还要建太阳神、雅典娜的神庙,我们子孙后代都可以上山去朝圣,这座卫城和神祇将永远护佑着我们。但有些人不同意,他们指责这是挥霍浪费。伯里克利便说这些建筑由我个人支付好了,只不过建筑上要刻上我的名字。人们被他的精神感动。源于此,我们今天才能看到那一座座民主的丰碑,欧洲的老师才能在这里给一代一代的学生教文明史、艺术史。

希腊文明经过古罗马、中世纪,从意大利和西北欧开始复兴,日本和俄罗斯也是向荷兰学习才走上现代化道路的。科学革命、宗教革命的中心继续向西转移,到了英国还爆发了影响世界的工业革命。处在东亚农业文明边缘的深圳,在清康熙之前先后被称为"番禺""宝安""东莞""新安",在秦汉以来的专制王朝中名不见经传,离西方文明创新中心更是"人生不相见,动如参与商"。

二、"海洋亚洲"的潮头

古希腊的文明在亚历山大东征时向东方传播,直到今天的阿富汗,之后欧亚大陆又出现了两大帝国,西边是罗马帝国,东边是秦汉帝国。从中国走到罗马中间要验多少次"护照",有多少道关卡在盘查。可是,如果往北边看则是一望无际的草原。随着马鞍和马镫的发明,欧亚大陆的北方就是草原的"高速公路",游牧民族可以在草原上任意驰骋。当草黄、水枯的时候他们就会纵马扬刀南下,把农耕文明当成"提款机"。游牧民族对农耕文明的这种侵扰在欧亚大陆从未断过,它成为一种宿命,直到两百年前。

一波一波游牧民族摧毁了罗马文明,使欧洲的文明程度降到了很低的水平。就在古罗马被摧毁之际,匈奴、鲜卑、羯、氐、羌等中国的游牧民族也在长城内外扫荡汉文明,在北方陆续建立了很多政权。汉人政权和大家族跑到了长江以南,这就是"衣冠南渡"。

中国历史上大规模人口南迁是一个漫长的过程,从西晋末年到唐朝的安史之乱,外族征服下那些不愿做奴隶的汉人,一波一波逃到南方。我们能看到南方有很多地方的名字和北方是相似的。北方有徐州,南方有南徐州(镇江);北方有通州,南方有南通州;北方有晋阳,南方有晋江;北方有洛阳,南方有洛阳江;等等。北方人带着华夏文明一路南下,在东南沿海和当地崇尚自由、熟悉海洋的"百越"融合起来。越人擅长的沿海生活方式,被中原移民学会了。中原的传统在沿海扎下了根,于是形成了在东南沿海一带具有海洋文化的汉民系,比如粤人、闽人。有人在闽粤一带画出一个新月形,说这就是中国的海洋文化地带。这群人对整个亚洲都产生了影响,当大航海时代的欧洲人来到亚洲做国际贸易的时候,他们站在了海洋亚洲的潮头。

梁启超先生曾经写过这样一本书——《中国殖民八大伟人传》。这八大伟人都出自闽粤两省,在东南亚建立了王国甚至共和国。比如,"殖民苏门答腊岛者,开辟旧港的首领梁道明，是广东南海人”；“殖民菲律宾开辟吕宋西境，首领西马奔本姓李，福建泉州人”。梁启超曾说，一旦中国要对外开拓，“此二省人，犹可用也”。果然，1978 年中国改革开放建设的四个特区中厦门、汕头属闽文化，深圳、珠海属粤文化。

公元 1279 年，在厓山之战以后宋少帝的骨骸就漂到了这个地方，也就是今天我们脚下的深圳市南山区，就在蛇口半岛这里。从人们世世代代对宋少帝的纪念也能看到当地人追念的中原故土。宝安文氏家族是文天祥的后代，他们从江西起兵勤王，决战兵败，文家后人留在了凤凰山。文家自厓山之战以后到现在已传了近八百年，文史专家告诉我，深圳有些村并没有文姓人但建有文天祥祠，可以看到文天祥的正气在深圳已经成为民间崇拜。

如今在广东还可以看到很多传统建筑，古代对建筑规格有严格规定，超标就是犯法。广东的建筑和北方不同，比如说硬山顶在北方就是规规矩矩的硬山顶，在广东就会在屋脊上大做文章。改革开放后广东人是“见了绿灯大步走，见了红灯绕道走”。这种理念在南北方相差多大啊！

最近，深圳人有了一本共同的“家谱”，就是《深圳通史》。这本书的主编张一兵老师有几个新的研究成果，其中之一就是深圳在农业文明时代的主导产业是什么？答案是盐业。晒盐，有点像古希腊沿海的城邦，只生产橄榄油，吃穿用拿橄榄油去交换，这是农业文明时代的商品经济。深圳由此与北方大陆自然经济的农业文明拉开了距离，一旦有机会接触西方先进的海洋文明就一定会得风气之先。

三、西风东渐的风口

先进文明的风气来了，这就是“西风东渐”，五百年前世界历史进入了大航海时代。当时欧亚大陆在东亚的中国和欧洲中间是伊斯兰教区域。欧洲试图寻找路径绕过阿拉伯人去跟中国、印度做生意。于是，葡萄牙人向南，西班牙人向西，开始了前所未有的探索冒险。如今地球上几乎所有海峡、海角、海盆、海岭都是以欧洲人的名字命名的，在这种探险过程中欧洲人承袭了古希腊以来的探索精神和科学研究的方法，为东西方文明的大交流奠定了基础。

里斯本纪念大航海五百周年时建立了一座纪念碑，从纪念碑的雕塑中可以看到在亨利王子的率领下前赴后继的航海家、水手、工匠、科学家、医生、传教士，他们从里斯本出发绕过好望角，向东方探索，约 40% 的人死在半路。他们一路向南走到好望角，那里其实是一个风暴角。整个好望角至今也没有一座建筑，保留了当年的景致供人凭吊。在好望角北面50千米处，一座高山挡住了大西洋的寒风，荷兰人建立了一座峡角之城，也就是开普敦——整个南非的母城，这是欧洲人在地理大发现之后在非洲建立的第一座城市。

从南非再一路北上，到达东非的蒙巴萨，这也是一个具有殖民地色彩的地方。然后再穿过印度洋，不在阿拉伯地区停留直接到了印度的城市果阿。殖民者将这里作为总部指挥着未来亚洲的殖民地。果阿往南是马六甲海峡，葡萄牙人、荷兰人相继来到此地。西方文明就是这样一步一步向东扩散而来。接下来就走到了新加坡，后来新加坡被英国人侵占。这样，大航海时代在中国有葡萄牙人侵占的澳门，有先被荷兰人侵占后被郑成功收复的台湾，也有后来英国人侵占的香港。

西风东渐的大潮到了中国，与汉族南下的大潮在岭南汇聚，就像不同方向的波汇到一起会产生"驻波"一样，岭南产生了文化的激荡：这里既是中国最传统的地方，也是中国最西化的地方。广东话、潮汕话、客家话里面有大量的英语词汇，这里可以吃到葡萄牙的蛋挞和"马介休"（一种葡萄牙腌鱼，味极鲜美）；可以吃到源自英国的西饼、西餐，传统的炮楼变成了有着西洋装饰的"雕楼"；香港、澳门的法律与英语世界和葡语世界接轨；同时又可以看到中国最传统的东西，比如各种民间崇拜，大到妈祖庙、北帝庙，小到一个个"土地公公"。如果想走向世界，就应该有一个传统文化的胸怀和自信。深圳是保留中华传统最多的地方，同时也是最早迎接西方文明的地方。

欧洲人来到亚洲，与中国、日本的海商共同形成了一个贸易金三角，有日本历史学家称之为"海洋亚洲"，这就是日本长崎—中国沿海—菲律宾，东南亚的国际贸易区。北美殖民地的白银、东亚的季风、中日葡荷等国的海商共同营造了这个海洋亚洲。

有一个出生在日本的中国孩子，7岁才回到老家中国福建，他父亲在马尼拉遭遇西班牙人对华人的大屠杀之后逃到了日本的平户，富商李旦将他父亲培养起来，让他父亲到澎湖去打理自己的生意。他父亲到了澎湖后形成自己的羽翼，后来被明朝招安，就将孩子带回故乡福建，这个孩子就是郑成功。郑成功拒不投降清朝，出海从荷兰人手中收复台湾，当时正是康熙元年。康熙皇帝发布迁海令，东南沿海的居民都要向内陆后退三十里至五十里。迁海中受害最深的就是我们脚下的这片土地，当时沿海只有一个县的县制被撤销，就是新安县，今天的深圳。新安县人以晒盐为生，到惠州东莞后无盐可晒，那边的土地都有主人，于是新安县人无家可归、民不聊生、颠沛流离。有良心的官员比如广东巡抚王来任向朝廷上奏时，康熙将王来任贬官，最后王来任郁郁而终。后来两广总督周有德再给康熙上书，请求恢复新安县建制。1668 年新安恢复县制，“迁者归来，如庆新生”。南头古城里有个“报德祠”，供奉的就是周、王二公，如今也经常在此地举办各种社区文化活动。

鸦片战争之前，中国人曾经打败“海上马车夫”荷兰人收复台湾，让占领澳门的葡萄牙人老老实实交地租，并且当香山县县令巡视澳门时，葡萄牙人必须毕恭毕敬地站着回话。然而到 1840 年鸦片战争中国一败涂地。为什么英国人比葡萄牙人、荷兰人强？因为工业革命，他们掌握了有史以来最强的武器“工业 1.0”，叫作机械化。工业 1.0 能达到什么程度呢？相当于每个英国人配备一个看不见的奴隶在那里做工，使所有英国人可以坐火车、乘轮船，穿上机器纺纱织布制作的衣服。这样一个国家的强大是当时中国人想象不到的。蒸汽机一发明就带来了英国的城市化，人们集中到工厂，城市的力量被进一步放大，英国把它的力量蔓延到世界各地，直至今天整个世界交流的舞台，特别是海洋依然是“说英语”的。汉语与其他语言的译入译出量，是英语与其他语言译入译出量的 1/60。

闭关锁国的大清王朝被打败了，国门被打开了，于是广东人走向了世界。全世界都有说广东话的区域叫唐人街。这样包括深圳在内的岭南文化就和英国、和欧洲文化面对面交流了。

关于西方文明传来深圳的故事远没有被充分发掘，关于深圳人走向世界的故事也远超出了我们的想象。2010 年，美国 NBC 电视台总裁罗笑娜来到龙岗的罗瑞合村寻亲，原来她的祖父罗定朝就是这个村的人。她带来祖父的照片，并不是我们传统上认为的一条辫子、目光凝滞的华工形象，而是一位西装革履、面容清秀的华商。2018 年 8 月，美国 NBA 球星凯尔·安德森到深圳平湖街道的新木新村寻亲，这个身材高大的黑人明星有着八分之一的深圳血统。四海一脉深圳人，用他们走遍世界的见识、历练，为这片土地深深地埋下了对西方先进文明的认同和向往。

四、改革开放的起点

第二次世界大战之后美国的加工制造业转移到了日本、德国，日本、德国又转到了“四小龙”，到20世纪80年代“四小龙”的成本提高，加工制造业势将转移，往哪里转？

1980年春节，创立蛇口工业区的袁庚到渔村给村民拜年，渔民屈春华一眼认出这是他当年撑船运送攻打大铲岛的解放军团长。解放30年屈春华生了7个子女，但其中6个逃到了香港。什么是“改革开放”？就是当巨大的文明落差摆在这里，巨大的人口规模摆在这里，高水头、大水量的“文明的瀑布”所蕴含的巨大势能完全可以转化为巨大的动能，只要装上“水轮机”就能发电。但是敢不敢装水轮机？深圳经济特区其实是人类常识的“常区”，《广东省经济特区条例》给深圳的特殊政策，例如企业用地要缴地租，经营要纳税，用工要签合同……其实都是常识，为什么按常识办事要设特区，就因为计划经济下国家是一个“特国”。鲁迅先生说过，在中国搬一个炉子都要死人，更何况是在这“文明瀑布”上装“水轮机”。这挑战的是领导者的勇气和担当。中国面向哪里开放？邓小平没有把中国引向苏联东欧的“经互会”，没有走回头路，而是向着关贸总协定，也就是面向今天的WTO开放。

无论深圳还是蛇口，中央给出了方向——“杀出一条血路”，但并没有具体的路线图。于是那些开拓者将这个自主权用到了极致。袁庚是一位国企领导，但是他通过住房货币化等制度让职工实实在在享有了个人的权利，开始摆脱个人对于组织的人身依附，从而更可能地向往和追求自由。他说，“我可以不同意你的观点，但我誓死捍卫你的发言权”，在蛇口要有“免于恐惧的自由”。

深圳建市之初的一位市委书记说，要办出口加工区。建市之初的一位市长说：“如果必须生一千次，我愿意生在这个地方；如果必须死一千次，我也愿意死在这个地方。”

李灏书记说：“改革是什么？就是要把合理不合法的事情变得合法。”

一个个深圳的创始人以他们的胆略和担当，把“水轮机”放在“瀑布”之下，把一个个按照常识应该做的事情勇敢地做下来了。不是他们比别人懂得多，而是他们有担当，他们是代表人类文明方向的共产党人。郁达夫曾经说：“没有伟大人物出现的民族是世界上最可怜的生物之群，有了伟大人物而不知拥护、爱戴、崇仰的国家是没有希望的奴隶之邦。”

五湖四海的年轻人奔着深圳而来，因为深圳与世界接轨，所以深圳是全中国距离世界最近的地方。

这些闯深圳的人,在简陋的环境下工作。他们送一桶水挣一块钱,送一个快递挣五毛钱,在工厂里打工一个月挣几百块钱,当他们用最简单的缝纫机缝鞋袜的时候,北京的机床厂已经有加工中心,上海已经投资上百亿引进成套设备建设宝钢了,深圳是在多么低的起点上起步的呀！今天回过头来看,千万不要怕起点低,只要路是走向人类先进文明的,就有后发优势。当初敢于走这条路才是深圳奇迹。

这些闯深圳的人,他们住在哪里呢？他们就住在遍布世界的岭南文化的聚居地,在深圳,这样的地方叫作城中村。城中村中半数以上的人家都有海外亲人,他们的观念见识非同一般。深圳人口从 30 万到2 000万,城中村人也在不断增多。全国各地来深圳打工的年轻人,他们在城中村享受到清洁的饮水、安全的用电和方便的服务,大都市中的低成本生活区在很多国家就是贫民窟,但深圳不是。城中村住着上千万人,城中村是深圳的"奶娘"。

13 年前,我在城中村见到一个女孩,她帮哥哥嫂子打理完一天生意之后坐在门前读一本书——《会计原理》。如今她可能在一家公司做财务总监了。当年我还看到一个小学生在灯箱下写作业,如今她可能大学毕业了。

其他特区也是闽粤文化,为什么深圳在四个特区中一枝独秀？我们不能不考虑香港的影响。例如香港的"股份制",深圳叫"现代企业制度";香港的"土地批租",深圳叫"国有土地使用权有偿有限期出让";香港的"住房按揭",深圳叫"分期付款";香港的"差饷",深圳叫"物业税"。

深圳另一个独特的优势就是大规模高密度的移民人群。与全世界历史上所有文明创新中心一样,深圳的人口主体也是移民。移民社会中人们相互看重的是能力和责任,相对看轻的是背景和出身。"英雄不问出处",大多数闯深圳的人都改变了自己和自己家庭的命运,都做出了在故乡难以成就的一番事业。

大家想一想,深圳在改革开放中遭遇了多少挑战？从成立特区以来"姓资姓社"的诘难到 20 世纪 90 年代浦东开发,从香港回归给深圳的影响,再到 2008 年金融危机。深圳就是在艰难困苦中走到今天的。

艰难困苦,玉汝于成。现在知名民营企业的研发基地、全国的创客基地,都可以看到深圳的影子。在"WFC 指数"(科学论文数)排名时产出最多的是北大清华,找不到深圳的影子,因为深圳就没有什么国家投资建的大学重点实验室,几乎没有拿到国家教育科学资金,但是当我们看"PCT"(国际专利)数量排名时,深圳占全中国的一半。如今中国人已经是全世界第二 PCT 申报大国，而这第二中间有一半出自我们的深圳。这是因为深圳百分之九十的科学家、工程师在企业，百分之九十的科技投资在企业，百分之九十的技术成果是企业创造的，而且深圳企业的主体是民营企业。深圳走出了一条民营的、草根的、野蛮生长的技术创新之路，吸引了全世界的创客到这里来。

五、现代化先行区

今天不要再夸深圳是“奇迹”了，因为走上按常识办事的路顺理成章：工业化带动城市化是普遍规律，深圳并不例外。经济迅速增长是因为按常识办事，不必大加赞美。巨大的财富来自文明落差，而不是我们的发明创造。20 年前谁能想到今天所享有的财富？没有一个人能够想得到。那么这 20 年来的财富是哪儿来的？如果说来自我们的勤劳勇敢，那么我们的父辈呢？他们当时哪有双休日、单休日？

40 年前深圳“杀出一条血路”是做的一个破冰试验，今天深圳所走的每一步，可能都受到全国的关注。国家给深圳的定位是“中国特色社会主义现代化先行区”，“先行”不仅要深圳的速度快、质量好，更要确保深圳的方向。就像成语“南辕北辙”的故事，仅仅“马快、车好”是不够的，先行者一定要确保方向正确。从“杀出一条血路”，到“中国特色社会主义现代化先行区”，说明深圳的道路得到了认同。坚持社会主义市场经济，坚持民营主体就不会偏离。同时我们一定要清楚地看到，深圳在基础科研、高等教育、文学艺术、对接世界的法治环境和社会治理方面还有相当大的差距，面临着严峻的挑战。

深圳提出了“全面对标全球最高标准，到 21 世纪中叶，成为竞争力影响力卓著的创新引领型全球城市”奋斗目标，这就需要拿出 40 年前建市之初的英雄气概。当年深圳的 GDP 仅有 8.3 亿的时候，就做出要投 7 个亿建设 8 大文化设施的预算。我们今天享用的大剧院、博物馆、图书馆（已改为少儿图书馆）、科学馆、体育馆（目前众多市民正呼吁不要拆除这座优秀历史建筑）都是深圳 GDP 仅仅 8 亿时候建起来的。今天深圳的 GDP 是当年的三千倍，财政好像非常“不差钱”了，但是全国最著名的博物馆列表中没有深圳，全国最著名的音乐学院、美术学院列表中没有深圳，全国著名的交响乐团深圳的仅排第十三。香港有亚洲一流的演出场所十来家，广州歌剧院、星海音乐厅也都能跻身亚洲前列，深圳呢？今天比起深圳当年对于文化的追求和坚守究竟怎样？

深圳需要补课,补什么课?

第一,深圳在未来一定要成为双语城市。

这是国际化的前提。感谢徐火辉老师的“原典英语学习方法”,通过外语学习到了背后的脑科学、认知科学原理。他发现了中国人学英语方法的根本误区,他在实践中所倡导的以聆听为核心的学习方法已经被越来越多的深圳人所接受,并且出现了超出我们想象力的见证。

第二,深圳一定要成为一座美丽城市。

深圳元培学堂赵孝萱校长认为,美育不等于艺术技法教育,更不等于风花雪月。美育是生命感性教育,是价值观的教育,是一种关于情感与幸福的学问。今天深圳在城市管理、社会治理方面还有种种不如人意之处,城市景观也缺少“到位”“会心”的感觉,从根本上说是审美能力的缺失。

第三,深圳要成为一座包容发展的城市。

徐景安先生创办的“幸福研究院”,多年来不仅接听了几万通心理咨询电话,挽救了50多个打算轻生的活生生的生命,还系统地提出了共享深圳的理念。很多公益组织如“行动亚洲”的张媛媛老师到中小学、到社区普及同理心和共情感,呵护我们城市的温度。正如任正非先生所说:“不要总想着我、我、我,要想到地球、地球、地球。”深圳能够关心到他人的苦难时,自己才能成为一座幸福城市。

第四,深圳要成为一座超越挫折的城市。

未来的40年很难再像以往40年那样顺风顺水,深圳在未来一定会遇到更大的挫折、更大的挑战。我们自己、我们的孩子能不能在未来超越挫折?我们的孩子能否在大自然中行走露营?能不能拿着一个指北针翻山越岭,独立地制订计划、克服困难、实现目标?我们有大海,孩子们可以扬帆;我们有蓝天,孩子们可以去空中翱翔。只有经过磨炼,他们才能担当使命。

纵观深圳这片土地的命运,她的自由、包容、勇气使她有可能成为最接近人类文明的创新中心。每当国家开放的时候深圳就会焕发出惊人的能量。我们期盼未来的中国会更加开放。如果真是这样,深圳能为人类文明做出的创造才刚刚开始,因为深圳已经一次次地证明我们的想象力是多么有限。

(本文在讲座速录稿基础上参考了陈秉安、南兆旭、张一兵等深圳学人的研究成果和《深圳通史》《时间的风景》,吸收了与张东煜等专家讨论的内容,特此致谢,文中错讹由作者负责。)

《红楼梦》的理性赏析
——妙玉品茶　品味人生

主讲人：夏洋

讲座时间：2018 年 11 月 17 日

讲座地点：深圳大学城图书馆四楼 413 报告厅

主讲人简介

夏洋，1983 年毕业于北京大学物理系，现为中国科学院微电子所研究员、中国科学院大学教授。在中国科学院大学主讲“集成电路工艺及装备技术”“《红楼梦》的理性赏析”等课程，2017 年获中国科学院教育教学成果特等奖。

主要内容

本报告深入探讨了《红楼梦》的主题思想，并聚焦于其中备受争议的角色——妙玉。首先，从书名入手，报告剖析了《红楼梦》的主题思想，认为作者透过一个家族的兴衰，预示了一个朝代的命运。其次，对妙玉的细致分析揭示了她所代表的贵族社会的终结方式，并通过对她的描绘展示了作者对人性的深刻思考。报告还指出，《红楼梦》是一部关于人生意义的探索之书，透过其中的故事引发读者对生存意义及生活方式的思考。最后，报告呼吁人们要以宽容的心态理解作品，不仅要看到人性的阴暗面，更要发现其中的光明之处。

对《红楼梦》这本小说大家有很多不同的看法，一千个人心中有一千个宝玉、一千个黛玉。因此我是和大家一起探讨，大家有什么不同的看法，都可以共同交流或讨论。我在中国科学院大学讲这门课的时候，同学们提了将近一百个问题。

有些问题非常尖锐;也有同学十分友好,怕我回答不上,他自己就回答了;也有些提问让我非常痛苦,差点一口鲜血喷出来。但我觉得这非常好,讲座就是一个交流理解的过程。

由于今天的讲座只有一个半小时,所以我仅选了两部分内容:一是从书名介绍《红楼梦》的主题思想,二是讲一个比较有争议的人物——妙玉。

一、从书名看《红楼梦》的主题思想

《红楼梦》这部书在刊印之前,都是手抄本,书名为《脂砚斋重评石头记》,大概有十二个版本,所以这部书最开始叫《石头记》。作者所在的康雍乾时代文字狱比较厉害,可能因为一句话就被杀头,所以他开篇编了一个神仙故事。故事说的是由于地陷东南,天塌了,女娲要补天,炼了三万六千五百零一块石头,结果只用了三万六千五百块,剩下的一块石头没用上。剩下的这块石头自怨自艾,因为别的石头都用上了,仅自己没用上。就像我们的同学一样,毕业了,就一个同学没找到工作,那个同学就很难受了。所以它求神仙:"神仙,你能不能把我带到人间去走一遭。"于是它被带到昌明隆盛之邦,诗礼簪缨之族,花柳繁华之地,温柔富贵之乡,去享受人间富贵。这实际上跟我们的心态是一样的,我们都希望自己找工作到好的地方。最后这块石头下凡落在金陵贾府,可以说是宝玉身上带的那块玉,也可以说就是贾宝玉本身。作者还配了一个偈文云:

无才可去补苍天,枉入红尘若许年。
此系身前身后事,倩谁记去作奇传?

因此很多红学家就从这个书的开篇看,认为这本书的主题思想是去补天,没补上。当然"天"不是指真的天漏了要下雨,而是社会的体制有问题,有缺陷要修补。我们如果仔细研读《红楼梦》,从书的内容中看,就会发现作者根本没有想补天,而是提出这个"天"该不该补。

据红学家胡德平先生考证,作者曹雪芹晚年生活在北京西山一带,著书于北京西山黄叶村,现位于北京植物园内,园内有一个元宝石(图 15)和石上松的景点。据说元宝石是宝玉的原型,石上松意指木石前盟,象征林黛玉。大家如果去北京游览,可以去北京植物园内曹雪芹故居参观。

图15　北京植物园内的元宝石

《红楼梦》过去还有一个名字叫《风月宝鉴》。我们说“补天说”靠不住，那么“风月宝鉴”是什么意思？在书中“风月宝鉴”是神仙的一个宝镜，用来警世，照一下就发现你干了什么坏事，警告你不要这么干。《红楼梦》讲了贾府一个年轻的公子贾瑞，突然看上王熙凤。王熙凤是一个厉害的角色，非常能管家，长得又还行。一个年轻公子看上这个管家了，如果在现在这个时代，看上就看上了，这也没什么，你喜欢她也是可以的，可以是凤姐的粉丝。但是那个时候可不得了，王熙凤觉得被侮辱了，所以毒设相思局，对贾瑞又是泼屎泼尿，又是冻又是吓，贾瑞因此生病，吃什么药都没有用。最后来了一位神仙，给了他一面镜子，这面镜子就叫风月宝鉴，专治邪思妄动之症，有济世保生之功，单与那些聪明俊杰、风雅王孙等看照。也就是说这个镜子照一下，你的病就好了，但是千万不可照正面，只能照背面。贾瑞拿着这个镜子照背面，是一个骷髅，吓了一身汗，身体好了一些。但是他忍不住照正面看一看，到底神仙为什么不让照。一照正面是王熙凤，王熙凤在跟他招手，要他进去，贾瑞进去之后跟王熙凤好了一番，身体又不行了，又照背面，又吓一跳，又照正面，来往三四回，后来就一命呜呼了。

贾瑞长得也还行，是一个比较老实的孩子，没干过什么坏事，作者为什么让他这么悲惨地死去？作者是利用贾瑞提醒大家，如果过度追求性欲，最后小命就会玩完，当然人的欲望不只是性欲。同时在《脂砚斋重评石头记》中有一个批示：“贾瑞看宝鉴，只能照背面，不能照正面，但是读《红楼梦》这本书你一定要既看正面，也要看反面。”所以有一段时间干脆把这本书叫《风月宝鉴》，中国很多小说，像“三言二拍”,都是这种警世的书——讲一些情感的故事,告诉你不能这么干。

《红楼梦》许多章回都是正反两面写,上半回写繁花似锦,下半回就会写得凄凉冷漠。比如写王熙凤过生日热闹非凡,但是贾宝玉却跑到很荒凉的地方纪念金钏去了,都是对比来写。《红楼梦》的评论家就反复地说,看这本书的时候正反两方面都要看,看到富贵时能够看到贫穷,看到美色时可以看到骷髅,看到天理时要看到人欲,天理就是人欲,人欲就是天理。我们说贾瑞的死是对欲望的付出,他看镜子的正面,是他的欲望,背面是他的理性,所以贾瑞之死是认识世界的付出。

《红楼梦》还有一个书名——《金陵十二钗》,是讲金陵十二位女性的故事。在中国古代小说里对女性的描述非常少,而且几乎没有对女性进行好的描述。有个女孩子跟我说她喜欢读《三国演义》,我问她你知道《三国演义》里的刘安吗?她不知道。《三国演义》中有个猎户刘安,刘备逃难的时候到他们家,结果刘安没有菜,就到厨房把他老婆杀了,用他老婆的肉做了一个菜,事后刘备还奖了他一百两金子。

但是《红楼梦》这部小说就不一样。《红楼梦》写了九百多个人物,其中约有一半是女性,而且作者把女性写得特别好,男性除了贾宝玉等两三个是好的,绝大部分都特别坏。曹雪芹不仅给女性美貌,像林黛玉,和神仙一样,而且给她们才能和才干,像贾探春。书中她们经常比赛写诗或联句,每次贾宝玉都比不过他的姐妹们,而贾宝玉在男性里面还是最优秀的,和她们比总是最后一名。女性不光有貌、才、能,还有思想。大观园中有一个低等小丫鬟小红,是宝玉的丫头,给宝玉看园子的,可宝玉竟然都不认识。小红认为“千里搭长棚,没有个不散的筵席,谁守谁一辈子呢,不过三年五载,各人干各人去”。她觉得宝玉真可笑,以为能够在大观园住一辈子,也就是三五年这个园子就会散了的,对整个趋势的判断非常清楚,所以后来小红有较好的结局。《红楼梦》中的丫环虽然地位低下却有很高的志向和雅致情趣,“心比天高,身为下贱”。而男性像贾政——贾府的男一号,却被描写成无能、虚伪、笨拙;薛蟠虽有钱,却呆笨粗鲁等等。所以《红楼梦》是一本为女性唱赞歌的书,我经常在“三八节”的时候被请去讲《红楼梦》。

当时的社会男性占主导地位,女性在各方面都落后于男性,女性没有受教育的权利,没有观看世界的机会。《红楼梦》里的宝玉去上学读书,黛玉、宝钗就不能去,她们被限制在园子里,或者说是被关在园子里。荣国府的女眷去宁国府,需跨过一条街,由于礼仪的约束,过去的贵族妇女是不能让人看见的,下人用布帘子把她们挡起来,同时她们也被挡住看不见外面,根本不知道外面的世界是怎样的,一辈子守在屋子里面。《牡丹亭》中杜丽娘唱道:“原来姹紫嫣红开遍,似这般都付与断井颓垣。”她都不知道她们家的后花园开着花,她很吃惊,因为天天被关在楼上不能下来。《红楼梦》的作者反过来,故意把女性写得这么好,这么美。最后却是千红一哭,万艳同悲,写了一个大悲剧,揭示这个社会对女性的压迫。

还有一个书名叫《情僧录》,说贾宝玉是一个多情的和尚,是写作者自己的故事,是作者的自传。曹雪芹的祖父曹寅是康熙的伴读,曹寅的妈妈孙夫人是康熙的保姆,不是擦桌子扫地干家务活的,是给康熙喂奶的,实际上是康熙的奶妈。而曹寅是康熙的伴读,如果康熙读书不认真,做错了事打板子要打曹寅的。所以曹寅和康熙的感情特别好,康熙每次到江南都要住在曹寅家。但是我个人认为这也不完全是自传,这里有他们家的影子,这本书还是一个艺术性的小说。

读《红楼梦》里面各种人物,你是抱着什么心态去欣赏他,或是怜悯他,或是效仿他?你如何看红楼梦的各种角色,可以看出你是何种人。

最后这本书叫《红楼梦》,是社会的百科全书。我们可以从哪几个方面看?我总结了一下,《红楼梦》是描写一个家族的兴衰,预测王朝的灭亡。马克思写了《资本论》预测帝国主义必将灭亡,《红楼梦》这本书比《资本论》早约一百年,曹雪芹用小说的形式,通过描写一个家族的兴衰,预测一个王朝必然灭亡。从这本书可以看到,这个家族是过不下去了,这个社会也是不行的,而不是去修补它。

《红楼梦》也并没有止步于论证这个社会必然崩溃,成为一本政论的书。书中塑造了九百多个人物,什么人都有,很多人物似乎就在你的身边。比如说写了父亲、母亲、儿子、兄弟姐妹、朋友,这些人为什么这样?比如说写王熙凤也是出于同情的角度,所以在这本小说尤其在人性方面,你一定会理解她。比如写王夫人命人把丫鬟晴雯拖出去,基本上将她致死,但是她每天又在佛堂拜佛念经,她为什么又这样难受?因为她的大儿子不幸去世,一个母亲连儿子都保不住,是她最痛苦的事。作者不断在揭示每个人为什么这样。

与此同时,在书中中国文化的琴棋书画裳、诗酒菜花香各种东西都有体现,我们可以从中欣赏到中国五千年的灿烂文化。《红楼梦》是一本探索人类终极目标的书,揭示了人为什么活着,该如何活着。我觉得看《红楼梦》可以给我们很好的启示。

二、妙玉其人

下面从社会、人性、文化三个方面来讲《红楼梦》中的人物妙玉。妙玉在“金陵十二钗”里面排名第六,是一个比较重要的人物。和其他金陵十一钗都是贾家本家人或者是贾家的亲戚不同,妙玉和贾家或四大家族一点关系没有,实际上她的地位很低下。贾府的大小姐元春,被选为贵妃后回家省亲的时候修了一个花园省亲别墅大观园,需要一个寺庙点缀一下,寺庙需要一个住持,这个住持就是妙玉。为什么妙玉会放在“金陵十二钗”里面?难道是妙玉这个人物非常让人难以接受和理解?在《红楼梦》中,老祖宗贾母是个人精,对事情都看得很透,她不喜欢妙玉。宝玉的大嫂子说可厌妙玉的为人,宝玉的弟弟贾环说妙玉平时见我们就捏酸,但是一见宝玉就眉开眼笑。他用了“捏”字,很形象,也非常刻薄。林语堂、张爱玲文章中都明确表示讨厌妙玉。为什么妙玉这么让人讨厌?实际上我挺喜欢妙玉的,我在上课的时候妙玉讲少了,有一个学生就跑过来跟我说特别喜欢妙玉,为什么不讲妙玉?我说我也喜欢妙玉。看来是有人讨厌有人喜欢,她是一个非常有争议的人物。

妙玉年幼的时候因为身体原因,记名在一个庙里,但是不管用,父母只好送她出家。这里面可能埋下很多伏笔,到底是因为身体的原因还是因为政治避难,完全都有可能,大家都可以去猜,反正小说里面没写,你猜什么原因都可以。但是我想很可能不是因为身体原因,很可能是因为政治避难,要被抄家了,爸妈要关到监狱里面了,赶紧把女儿送到庙里去,让她逃过一劫。从后面她的气派和拥有的一些器皿来看,妙玉的本家绝对不是平常家庭,她的出身家庭可能比贾府还有钱。妙玉平常喝茶的绿玉斗非常昂贵,白玉为堂金作马的贾家都未必能找出来一个差不多的杯子。

就像王熙凤出场的时候就在外面喊“我来迟了”,妙玉出场的时候也有一个铺垫。管家想请妙玉来当住持,跟王夫人推荐,说我有一个挺好的人选,她长得好,学问也好,经也不用念了,直接把她请来就行,但是她不接受,回话“侯门公府,必以贵势压人,我再不去的”。本来庙里的住持就是请来念经的,就像我们推荐同学去找工作,推荐到北大、清华、中科院,说她长得好、学问好,不用搞科研,直接就写论文了,哪有这么推荐工作的?研究都不用搞了?听来有点不合情理,可能念经是一个很麻烦的事。王夫人是一个很小心谨慎的人,听他这么介绍说没关系，她不来，我们就下帖子，她是官宦人家，我们把她请来。这里可以猜想出很多事儿，妙玉家世不一般，同时她还被人欺负过，知道侯门公府，必以贵势压人，再也不去了。妙玉原来去过一家，可能是王家，被以贵势压人欺负过，所以贾家也不去了，但是下帖子请她，她就去了。

妙玉进了大观园后，主要的故事情节有：品茶，赠梅，贺寿，联诗。宝玉联句排在最后被罚去妙玉处讨梅花，妙玉送了宝玉大大一枝梅花。宝玉过生日，她写了一个贺寿词。妙玉的判词词牌名叫《世难容》，世界容不了她，她长得好，气质美如兰，又有才华，才华馥比仙，但是她天性孤僻，所以"好高人愈妒，过洁世同嫌"。《红楼梦》这本小说的第四回写贾宝玉神游太虚的时候，把所有重要人物的命运、个性都通过一个判词写在里面。所以我们现在一看就会觉得这本书简直没法看。我还没读，这本书刚开始就把所有人的命运都告诉我，这是严重的剧透，将来他和谁结不成婚，他要出家，他的命运是要悲惨地死去。作者不光剧透，还说我剧透给你们，你们也看不懂，所以他写道："满纸荒唐言，一把辛酸泪。都云作者痴，谁解其中味？"他说我跟傻子似的，你还笑我是傻子，你解不了味道，你不知道我告诉你这个故事后面的深刻含义。他把妙玉的结局都告诉你："好高人愈妒，过洁世同嫌。无瑕白玉遭泥陷，又何须王孙公子叹无缘？"宝玉与她无缘，所有的故事情节都告诉你了，所以老外读《红楼梦》说这本书没意思，我都知道它的情节了，没有悬念没办法读。《红楼梦》不是仅仅通过故事，它是通过深刻的思想、丰富的情感来影响我们。妙玉本来是一个尼姑，是尼姑庵的住持，按道理应该清心寡欲，但她不是。作者在她的名字中安了一个玉，"妙在有玉"。在《红楼梦》人物中有玉的人不多，宝玉有玉，黛玉有玉，妙玉有玉，还有一个叫红玉后来改名叫小红。小红原名叫红玉，贾母不让她叫红玉，只能改名叫小红，因为有玉的人都很重要。在《红楼梦》中玉是有欲望的意思，宝玉胸前有一个玉是指欲望。我们知道欲望是创造世界、改变世界的动力，有欲望才能想办法改变世界。但是欲望又会破坏世界的秩序，我想当官发财，想找一位漂亮的女朋友，这是欲望，但这个欲望有可能会影响别人或者危害社会，所以要用理性克制欲望，作者在宝钗胸口上挂了一把锁，用金锁克制通灵宝玉。

妙玉是带发修行，她不光有玉，还长发及腰。给人的形象是僧不僧，俗不俗，男不男，女不女，自称是槛外人。妙玉在栊翠庵当住持的时候，她过的是什么生活？我们如何理解这样一个充满矛盾的人物？刚才我们分析过李贽对《金瓶梅》

的评价,我们也可以通过对妙玉的理解,来了解我们自己的内心。

黛玉和史湘云中秋之夜在凹晶馆联诗写出了“寒塘渡鹤影,冷月葬花魂”以后,妙玉觉得太悲了,希望写一段将悲剧止住或转折。这一段实际上也可以看成是妙玉的生活描述。

钟鸣栊翠寺,鸡唱稻香村。
有兴悲何继?无愁意岂烦!
芳情只自遣,雅趣向谁言?
彻旦休云倦,烹茶更细论。

妙玉住在栊翠庵,寺与庵是不同的。寺一般在山上,是在比较高的地方,给和尚住的;庵一般在山脚下,给尼姑住的。在描写稻香村的时候,宝玉和贾政有一个争议,在园子里头弄了假山假水的水稻田多么虚伪。妙玉特意写成“钟鸣栊翠寺,鸡唱稻香村”。她是希望能去高山古刹、天然田园,她在庙庵里面虽然能听见钟声,也能听见鸡叫,但这都是在象牙塔里面,被关在园子里面。“有兴悲何继?无愁意岂烦!”兴代表兴致、兴趣,给人希望,兴也是我们科研创新的基础。妙玉、黛玉也有兴,但却是一个悲剧产生一个新的悲剧的兴。“芳情只自遣,雅趣向谁言?”妙玉虽然有很高的情趣,可她向谁说?像黛玉还可以哭,有宝玉安慰她,贾母等关心她,宝钗还会嫉妒她。妙玉没有谁理她,一个人在那个地方,“彻旦休云倦,烹茶更细论”。只能够在那里品茶,通宵达旦。作者用几个东西比喻妙玉,一个是她扔掉的茶杯,一个是梅花,都是妙玉的象征。栊翠庵有一枝梅花,二尺来高,长得特别好,“其间小枝分歧,或如蟠螭,或如僵蚓,或孤削如笔,或密聚如林,花吐胭脂,香欺兰蕙,个个称赏”。宝玉去要,她摘了一大枝梅花送给宝玉,在那之后,妙玉把梅花送给每个人,表明妙玉渴望大家能接受她的美好。

作者在《红楼梦》里写了很多尼姑、道士,比较有名的是水月庵静虚。她趁着王熙凤为秦可卿出殡路过的时候,让王熙凤使用权力拆散一对情侣的姻缘。导致这一对年轻人自杀,最后王熙凤得了三千两银子。一个尼姑应该慈悲为怀,怎么能干这种事?还有马道婆,《红楼梦》里面写了这个人物,她是宝玉的干娘,先跑到赵姨娘那里挑拨,要行扎小人妖法把贾宝玉、王熙凤两个人除了,贾府的家私就都是赵姨娘的,然后向赵姨娘索要银两。贾政的宠妾赵姨娘也真是可怜,五十两银子也拿不出来,只好写了一个借据。马道婆还想在赵姨娘处顺手牵羊,结果连一块做鞋的整布都找不出来。这边跟赵姨娘说了以后,就到那边找贾母,说宝玉今年有点不顺，有小鬼要害他，要多许点灯油钱，贾母一听就吓到了，每年要给马道婆两千两银子。贾政是工部员外郎，一年工薪才六百两银子。从贾母处离开，马道婆乐呵呵直奔稻香村去了，稻香村住着贾宝玉的嫂子，她有一个独苗儿子。这么一个马道婆一圈下来，从贾府卷走好几千两银子，关键她干的都是害人的事情。作者写这些尼姑、道士实际上都是借神佛之圣明，行妖魔之鬼事。

妙玉虽然在栊翠庵里面，身在空门，她却心系红尘，她对宝玉甚至贾母都关心。她不得不依附豪门，但她傲视权贵。"壁立万仞"就像立在悬崖峭壁当中，有"天子不臣、诸侯不友"之气概。她谁也不理，不屑和同行为伍，像马道婆也好，静虚也好，甚至刘姥姥。这个社会有很多人没法理睬。我们为什么要讲妙玉这个人物？因为在这个社会里面有许多人不得不接受命运的安排，就像妙玉几岁的时候就被家里送去庙里。也许你不想搞科研，也许你不想上大学，但是命运就这么安排你，父母把你送到这些地方，不是你的决定。妙玉接受命运安排，但是她还保留自己的自尊和爱好，我觉得这也很难得。天子再伟大再厉害，我不当你的臣子，我不跟你交朋友，社会上是否能容下这种人？如果一个世道都是静虚、马道婆畅通无阻，却容不下妙玉，这不是一个文明世界。

三、妙玉品茶，品味人生

下面讲妙玉品茶，作者用比较多的篇幅写妙玉品茶的故事。在刘姥姥二进大观园的时候，贾母为了介绍大观园，把刘姥姥带到大观园去转转。转到妙玉这个地方，贾母来了，妙玉肯定要接待，妙玉端着茶给贾母。贾母一见就说我不喝六安茶，妙玉说我知道，这不是六安茶，这是老君眉。作者也说得比较细，妙玉虽然是一个不问世事的尼姑，但是她非常清楚贾母爱喝什么茶，而且老君眉有长寿之说，也有拍马屁的味道。妙玉端着一个粉彩盖碗给贾母喝，贾母喝完以后觉得好喝，就问这是什么水？妙玉说这是去年的雨水，贾母喝了一半就把这个茶递给刘姥姥喝了，说你也尝一尝。刘姥姥一喝就说，茶虽然不错，但是太淡了。

妙玉没有让贾母他们进房间，在庙的院子里接待贾母一行，但是妙玉拉了一下黛玉，叫黛玉和宝钗进她的内室，说这个房间里面有更好的东西，宝玉就跟进去了。我想妙玉是最想请宝玉的，但是她作为一个尼姑，不可能拉宝玉说你跟我进来喝茶，她知道宝玉是黛玉的跟屁虫，黛玉进去了，宝玉肯定跟进去。进去以后就要喝茶，这时候妙玉拿了两个杯子出来，一个是瓟爮斝，一个叫点犀盉，是两个稀世古玩。𤫩瓟斝是一个葫芦做的杯子,给宝钗用;点犀䀉是犀牛角做的杯子,给黛玉用。而给宝玉的是妙玉平时自己喝茶用的绿玉斗,宝玉却不干,说你给她们两个人用那么好的杯子,怎么给我用一个俗器。妙玉最怕“俗”字,她比较清高。妙玉就很不高兴,说你们家未必能够找出这个绿玉斗来,就是说白玉为堂金作马的贾家也找不出这么好的绿玉斗来。但是宝玉这个人很会哄女孩,他说到你这地方,自然把金、玉都看为俗器。也许大家会有疑问,宝玉那么讲究吗?为什么宝玉不喝妙玉的绿玉斗?宝玉这小子不是最喜欢和女孩黏糊的吗?他有个坏毛病是吃女孩嘴巴上的胭脂,他见到一个丫鬟,就说这个胭脂真好吃,你嘴巴上的胭脂给我吃,实际上要亲那个女孩。所有的女孩宝玉都想亲近,只有对妙玉不同,妙玉用过的茶杯,宝玉不敢用,妙玉碰过的东西他不敢碰,反映宝玉心里对妙玉的尊重。

宝玉不用妙玉的绿玉斗,妙玉就找了九曲十环一百二十节蟠虬整雕竹根的一个大盏,这个杯子特别大,妙玉就问宝玉,你能不能喝掉这一大盏?宝玉非常高兴,连说好好,能喝能喝。妙玉就说了:“一杯为品,二杯即是解渴的蠢物,三杯便是饮马饮骡。”她说你喝这么大一盏,你是什么?你比骡子马都不如,她说纵使有,也不让你糟蹋,所以只倒了一杯给宝玉喝。这时候黛玉问,这也是去年的雨水吗?妙玉就不高兴了,她这个水是五年前在梅花上扫的雪,在地下埋了五年,前几天才刚刚开封,想不到你是一个大俗人,连水都喝不出来。在妙玉的眼里,林黛玉这种神仙妹妹也是大俗人。林妹妹要是别人说她,早不干了,在妙玉面前林妹妹也不敢吭声。这时候妙玉还说了,刚才刘姥姥喝过的杯子不要收了,把它扔掉。宝玉说你别扔了,能不能把这个杯子送给我,我送给老婆子,卖了也能够度日。这个官窑粉彩杯子极为昂贵,据说现在能拍卖到一千多万。妙玉说幸亏我没用过这个杯子,如果我用过了,宁愿砸了也不愿意给她。不是因为这个杯子昂贵,不舍得送,而是贵族阶层无法和平民走到一起,这时候尽管妙玉已经家道败落,仍然看不起穷苦人民。宝玉想调和人之间的隔阂,他把杯子要过来送给刘姥姥。

在小说里为什么要讲这个故事?曹雪芹说这本书满纸荒唐言,一把辛酸泪,这本书里全是眼泪,后来的红学家也评说“字字看来皆是血,十年辛苦不寻常”,写了十年里面全是血和泪。我们平时要描写品茶,肯定是闻香、观色、品味,怎么出来“一杯为品,二杯即是解渴的蠢物,三杯便是饮马饮骡”。曹雪芹写的品茶跟我们不一样。曹雪芹含着眼泪希望告知我们什么?

“一杯为品”实际上是指精神上的享受,“二杯即是解渴的蠢物”是生理上的需求,“三杯便是饮马饮骡”是动物性的糟蹋。

我们先分析“三杯便是饮马饮骡”动物性的糟蹋。动物的特点是占有、发泄、反抗。像书中的呆霸王薛蟠,虽然出身巨富家庭,基本上按一个动物来写。他瞪着眼、张着嘴,一个苍蝇哼哼哼,两个蚊子嗡嗡嗡,整个是动物的个性,他为人也很豪爽,很直率。动物的特点是“占有”。贾母说贾赦,娶那么多小老婆,官也不好好当,也没有用,贪多嚼不烂。

“二杯即是解渴的蠢物。”生存的需求是人之常情,芸芸众生大多数都是为了获利,熙熙攘攘为利而来,攘攘熙熙为利而往。像我们都是为了解渴,在妙玉眼里看我们这些人都是解渴的蠢物。

“一杯为品”实际上是精神上的享受,品味人生。品味什么?写妙玉品茶的时候也是充满趣味。妙玉搬过好几次家,五年前梅花上扫的雪水还要搬来搬去,我觉得也不容易,这是她的情趣,她觉得这个水喝完之后轻浮。作者还写了史湘云。实际上史湘云这个人没什么思想,但很多人喜欢她,她就是有趣,说话甚至有点小结巴,叫宝玉“二哥哥”叫不清楚,她叫成“爱哥哥”。所以我觉得人的生活首先要有趣,你活得没趣有什么意思?包括香菱学诗,香菱这个丫鬟是《红楼梦》里命最苦的人。打小被拐了拐了,后来被卖了,被抢又被折磨死了。但是她很有情趣,可以饭不吃觉不睡,在梦中都在学诗,这是个人的情趣爱好。人在工作中如果没有情趣我觉得很难长久,干不出色。

还有自由的时间和空间。贾家四个小姐有四个丫鬟琴棋书画。迎春的丫鬟叫司棋,迎春喜欢下棋。探春的丫鬟叫侍书,探春喜欢读书,她的房间跟书房一样。惜春的丫鬟叫入画,她喜欢画画。但是作者没有写元春喜欢什么,元春的丫鬟叫抱琴,可以猜想元春喜欢弹琴,可能弹琵琶。但是作者为什么不写元春喜欢什么?因为她不能够弹琴。她入宫了,做皇帝的贵妃,省亲的时候规定你几点几分钟走,就得几点几分走,让你晚上七点钟到家,深更半夜三点钟之前必须回到宫里,好不容易省一次亲,花了多少钱,就这么一段时间,她能够自由自在吗?她有自由的空间吗?没有!所以她回到家以后只有眼泪,见贾母也哭,见宝玉也哭,总共才待了六七个小时,连哭了六场。她缺少自由的空间和时间,只能是悲剧。

能不能感染和帮助别人?鲁迅说曹雪芹的《红楼梦》是“悲凉之雾,遍布华林”。这本书越看越悲,但唯一一点是看到宝玉和黛玉就有一丝温暖的感觉。宝玉到处帮别人,今天帮这个丫鬟,明天帮那个丫鬟,所以说宝玉是观音的化身。包括黛玉教诗废寝忘食，我觉得都是温暖。

当然还有爱情，在《红楼梦》里也描写得非常多。像宝黛爱情、小红与贾芸、龄官与贾蔷、尤三姐与柳湘莲、司棋与潘又安、张金哥与赵公子，甚至仔细读一读贾珍和秦可卿，也有爱情的味道，贾琏和尤二姐也有真诚的爱情。虽然在《红楼梦》里绝大部分的爱情都没有成功的婚姻，都是为爱献身的，但这是时代的限制，这种可歌可泣的爱在小说里面也非常难得。

最后一个是唤醒。刚才说薛蟠是一个动物般的人物，薛蟠这个人有钱，他的外交策略是到处给银子帮人，但是薛蟠是《红楼梦》里最让人瞧不起的人物，不光林黛玉瞧不起他，连他妹妹宝钗也瞧不起他，他妈也瞧不起他，他自己也瞧不起自己。他自己都说就我这样的人，我妈也知道我就是这么一个不成器的儿子。宝钗也说你知道我有这个哥哥，相当于没有。大家都叫他呆霸王。有一次他调戏柳湘莲，柳湘莲就把薛蟠骗到荒山野岭，给了一顿臭打，薛蟠还不经打，被打到臭水沟里，滚到泥潭里面。柳湘莲说，你把脏水给喝了，薛蟠就喝，结果沟里的水没喝进去，把刚才吃的色香味俱全的美食佳肴全吐了。柳湘莲说你把吐的再给我吃了。薛蟠说我真吃不了，你饶了我吧，柳湘莲就扬长而去。但是打从那时起，薛蟠反而有了羞耻感。所以薛蟠出去做买卖，真的变好了一阵子，一顿臭打，有了羞耻感之后就变好了，但是回来以后又和贾珍他们搅在一起，又变坏了，作者是给了薛蟠机会。

宝玉见一个爱一个，所有人都喜欢他，他也喜欢所有的人。但唯有一个叫龄官的丫鬟不理他，龄官在雪地上写“蔷”。宝玉才明白天下不是所有人都喜欢我，天下为我洒泪的人只有黛玉，是龄官唤醒了宝玉的专情。还有二丫头，宝玉有一次跟秦钟两个人在郊区，看见一个纺纱的东西，宝玉刚想动，突然来了一个二丫头说别动，会动坏了。宝玉吓一跳，二丫头说我给你看一下。结果秦钟说这个姑娘对你可有点意思，宝玉说你再胡说我就打你了，最后走的时候，宝玉眼睛还在找这个丫头，拼命找，看到二丫头抱着一个孩子站在村口。实际上曹雪芹后来身边的女孩过的生活就是二丫头的这种生活。我觉得宝玉当时一定在想，大观园的贵族小姐能不能和二丫头一样过一种自食其力的健康的生活。作者写了贾母和刘姥姥一起逛大观园的时候，有一段青苔路很滑。贾母就说，老亲家你别在上面走，当心滑倒了，不是好玩的。结果刘姥姥喝醉了酒，她刚说没事的时候，忽然就摔了一跤。丫鬟就笑，贾母就说还不赶紧把她拉起来，结果刘姥姥自己一骨碌就爬起来说，我们庄稼人哪天不摔个十跤八跤的？为什么作者让刘姥姥摔一跤？刘姥姥比贾母还大一两岁，都快八十岁了。要是贾母摔一跤，这一跤摔下去估计爬不起来了，刘姥姥摔跤一骨碌就爬起来了，一天摔十跤八跤没关系，贾母走路的时候有七八个人扶着走。这种生活到底谁健康？到底刘姥姥更健康，还是贾母更健康？

还有香菱唤醒了冯渊，宝玉唤醒了尤三姐。尤三姐本来是一个自暴自弃的人，跟着贾珍鬼混，没有受到尊重。但是宝玉有一次挡住别人说，别让这些臭男人的脏气玷污了尤三姐，从而唤醒了尤三姐的自尊，所以尤三姐从此就想改邪归正，但是社会没有给尤三姐机会。

《红楼梦》有很多很多类似妙玉品茶的描述，作者曹雪芹希望把他对人生的理解告诉我们，和我们隔空交流人为什么活着，如何活着。

传神文笔足千秋，不是情人不泪流。
可恨同时不相识，几回掩卷哭曹侯。

提问环节

【观众】夏教授您好！我在高中的时候就大概看了一下《红楼梦》，我刚看没多少，有一个细节说丫鬟找宝玉，我感觉里面的男女情节太多，那时候读着不舒服，然而我读《三国演义》就觉得酣畅淋漓，侠义之情很有风味。《红楼梦》这个世界本来就是这样的吗？是否适合小孩子读？

【夏洋】《红楼梦》本身就是写小孩的书，黛玉进京时大约十一岁，宝玉当时十二岁，写小孩的成长。当然《红楼梦》有深刻的思想和复杂的人性，我觉得老少皆宜。人生的各阶段都可以读《红楼梦》，可以有不同的感悟。小孩读《三国演义》《水浒传》需要小心一点。书中描写一些人物打打杀杀，大碗喝酒，大块吃肉，大家会觉得快意恩仇，但是更深刻内容没有领会。比如《水浒传》，武松进了监狱，狱卒就对武松说，你就是我的行货，你不给我银子，你跟一个小蚂蚁一样，我想捏死你就捏死你，你咳嗽都是罪，我可以完全控制你。再比如说孙二娘，性格豪爽，干的事情却很恶心，她把人做成人肉包子。刚才我们说刘安杀妻给刘备做菜，《水浒传》里面也是这样，她把人做成人肉包子，她不觉得这个是很残忍的事情。在现代社会如果我们出去吃饭，被麻翻了，被剁了做包子，谁愿意被这样？而且作者还写诗赞誉“大树十字坡，谁敢把路过？肥的切做馒头馅，瘦的却把去填河”，写得很豪迈，是用歌颂的口气写的，而不是批判。林冲是八十万禁军教头，朱贵跟他说没事的时候就做点人肉包子。按道理林冲完全有能力把朱贵杀了或者将他制服，但是林冲却跟他一起上山了。人可以随便做成人肉包子，可以做成菜，反映了当时社会的黑暗、惨无人道，但是作者没有批判。小孩看这种书一定要小心，别快意恩仇。

而《红楼梦》不是这样，书中对生命的尊重完全不一样。金钏死了以后，宝玉、王夫人、宝钗、玉钏、贾政、贾环等等都出来表态，有吊唁的、有开脱的、有落井下石的，作者在仔仔细细地分析社会的悲剧，反反复复告诫我们，不要再犯同样的错误。关于男女之间的事，当时那个社会是不允许男女之间来往的，不允许他们就不接触吗？无非是不允许公开接触，可以暗地里接触，书中也揭露了，贾珍跟他儿媳妇要好，爬灰的爬灰，宁国府只有门前两只石狮子是干净的。男性之间也会有暧昧，作者分析了人的本性和在成长过程中的各种心态。

当然《红楼梦》也有很深的思想，小时候看有小时候的味道，长大了之后看有大了之后的味道，当你是才子的时候，你还是小年轻的时候，你可能看见缠绵，看见你侬我侬，恩恩爱爱。我们研究人员就看见变化规律，经学家看见易，才子看见佳人，什么都可以看得到。刚才我们讨论了，主要可以看社会，看人性，看文化。《红楼梦》是一本没有写完的书，不断有人来续《红楼梦》，《红楼后梦》《红楼再梦》《红楼续梦》有上百种版本。实际上现实更复杂，因为时代在进步，人性在变化，文化在发展，现在的社会其复杂程度、丰富程度远远超过《红楼梦》这个小说。

【主持人】老师，我也顺着刚才观众的问题想问一下，现在我们在给小朋友看四大名著，如果孩子们提出来需求，不同的年龄段可能都有需求，作为父母对他的引导，大概在什么年龄段给他看比较好？因为现在有一些绘画版、插图版包括巨著，怎么样处理这个事情？

【夏洋】这个书我是十五岁的时候躲在被窝里看的，我有幸看《红楼梦》的时候，考了当地第一名上了北大。所以我觉得无所谓，《红楼梦》这本书挺怪的，我觉得是天书。很多人看《红楼梦》就掉进去了，很多演员演着就变成那个角色了，包括我本人。因为我不断讲《红楼梦》，讲的过程中有一年肺也出了毛病，但是这里面有情感的付出，我觉得还要能把情感收回来。尤其很多名人经历过一些事情以后，回过头来特别爱看《红楼梦》，就像永忠感同身受写了“传神文笔足千秋，不是情人不泪流。可恨同时不相识，几回掩卷哭曹侯”。很多名人像胡适、鲁迅都喜欢《红楼梦》，白崇禧的儿子白先勇先生现在是一个红学家，也在到处讲《红楼梦》，北大毕业的胡德平先生是北京曹雪芹学会的会长，研究红学、曹学非常有成就。

我觉得读《红楼梦》最好是有一群人，边读边讲边讨论，既能够把情感投进去，又能够收回来，很多演员读《红楼梦》掉到这个情感里面，变成了黛玉、宝玉，要能出得来。

【观众】老师，我想问一个问题，金陵十二钗有一个人物巧姐，实际上巧姐在前八十回里面的描写特别少，还是一个娃娃，她的悲剧性在前八十回没有体现，还生活在富贵之家，她为什么能够作为金陵十二钗的人物？另外妙玉的文本也特别少，相比之下曹雪芹在后面很多回都描写一个很重要的人物薛宝琴，为什么不谈她？

【夏洋】《红楼梦》这本书是没有写完的书，巧姐这个人物在前八十回介绍非常简略，我们现在也不知道她后面的很多故事。我猜想按作者的布局，后面是有很多故事要写的，王熙凤的悲剧最后会落到巧姐身上。比如说王熙凤的判词中有哭向金陵事更哀，大家解析说王熙凤死了，送回到金陵去了。我想不是这么简单，如果她死了又怎么哀？人都是要死的，没什么可哀的。我认为王熙凤对待下人做的过头的事情，都会在王熙凤本人和她的后代身上有所体现。王家被抄家或者贾家被抄家以后，王熙凤和巧姐都要被拍卖，她们可能被卖去当丫鬟。这里讲轮回，王熙凤原来对待丫鬟很厉害很刻薄，而且善妒。如果有一个漂亮的丫鬟，贾琏看了她一眼，王熙凤能当着贾琏的面把她的头打破。将来巧姐可能就会承担相应的后果，各种各样的故事在《红楼梦》前八十回没有写到，但不等于巧姐这个人物很单薄。

妙玉代表了贵族社会，她最后会如何生活，应该也有精彩故事，但是书没有写完，只能够猜。有考证说《红楼梦》写了妙玉在瓜洲渡口救了宝玉，又屈从于枯骨，有一点蛛丝马迹，可以编一个故事，但是不知道真正具体的内容。妙玉她是壁立万仞，可惜后面精彩的故事我们欣赏不到。

【观众】老师您好！我最近一次读《红楼梦》应该是大四的时候，我觉得妙玉特别不讨喜，她也让我想到另外一个人——宝玉的丫鬟晴雯，晴雯撕扇子的情景可能大家都比较熟悉，妙玉和晴雯有一点相似的地方，想请老师评价一下她们两个人物。

【夏洋】妙玉交朋友是非常有选择性的，但她缺少宽容心，而且直来直去。我现在交朋友也和妙玉差不多，有时候觉得很多人真的没法理，我不喜欢贾环，我就喜欢宝玉，不可以吗？贾环那种人我干吗要去理他，宝玉这种小鲜肉多可爱。但是我们这个社会能不能容忍妙玉这种性格的人？《红楼梦》中说妙玉是“世难容”，实际上是对世界的提醒，能不能宽容一点？难道我们只能够和马道婆、静虚那样的人共生共存吗？妙玉无非是向往美好，保持自己的美好。保持自己的个性有什么不可以的？

晴雯和妙玉，她俩有相同之处，晴雯不是不讨喜的人，她是宝玉最喜欢的人，很多人都喜欢她，她撕扇子是要求和宝玉平等。有学者说宝玉是观音的化身，最后成佛了。他是怎么成佛的？宝玉怎么成长？是黛玉的眼泪和晴雯的争吵促使他成长，宝玉只要干了坏事或者哪句话说得不对，晴雯就挤对他或者不干，把扇子撕了。为什么撕扇子？晴雯不小心把一个扇子掉在地上摔坏了，宝玉就说了她几句“蠢材”，他说你不小心把扇子摔坏了，将来怎么过日子？晴雯就不干了。按道理晴雯是宝玉的仆人，仆人把扇子摔坏了，宝玉没打她，说她两句你真笨，扇子也拿不住，怎么搞的？这时候一般的仆人赶紧说我错了，奴才有罪。晴雯可不干，晴雯说宝二爷长脸了，原来我摔玛瑙、琉璃、玉器都没吭声，现在我摔个扇子就说了，我不干了，你把扇子拿过来，我都给你撕了，两个人吵得不可开交。宝玉在黛玉那里生气了，借机发挥，晴雯这个人眼睛不容沙子，她知道宝玉受了委屈，拿她发泄，她不干。所以宝玉的成长不是在课堂里背诗文，是因为你一干坏事，黛玉就哭，晴雯就跟你吵，是这么成长起来的。晴雯是一个心比天高、身为下贱的丫头，她对宝玉的帮助很大，在宝玉的生活中是个不可缺少的人物。

【观众】夏老师您好！一开始听到这个讲座的宣讲，最吸引我的地方是您本身是一个微电子方面的教授专家。我想问一下，红学爱好者的喜好和科学研究这两个方向您是怎样平衡的？或者它们之间有什么互相促进、相辅相成的地方？

【夏洋】我现在主要从事集成电路装备研发和生产，我在做产品的过程中，如果没有感觉到人性的体验，是做不好的。比如说中国很多高科技产品的美感方面就有所欠缺。因为所有的科学认知绕不开生活，各种科技产品无非是人类五官的延伸，你戴个眼镜看得远一点，都是五官的延伸。通过读《红楼梦》，你能够更加理解这个社会。假如某个老师说你一顿，你怎么理解？或者你的男女朋友跟你吵架，就像晴雯一样，总和你吵，你会处理得更好，甚至理解这个社会的发展规律，我觉得一点坏处都没有。我也花了很多时间研究，我在国科大开了两门课：一门是集成电路的课，一门是红学的课。讲的过程中也有穿插，我觉得非常有趣，可以用科学的思维方法进行逻辑推理，从文学的角度对人性进行思考，去感受美，科学和文学相互启发，我们会更好地认识世界、品味人生。

原子排列的秘密

主讲人：叶恒强

讲座时间：2018 年 12 月 22 日

讲座地点：深圳大学城图书馆四楼 413 报告厅

主讲人简介

叶恒强，我国著名材料科学家，中国科学院学部委员（院士），中国科学院金属研究所研究员、博导，北京大学电子显微镜实验室兼职教授，学术委员会主任。曾任国家自然科学基金会委员；国家“973 计划”材料领域专家顾问组成员；国务院学位委员会学科评议组第三、四、五届成员；中国电子显微学会理事长（2000—2004）。作为我国最早从事固体原子像的研究者之一，对固体材料结构与缺陷进行了深入的研究。与合作者同时独立地发现晶体块体中传统晶体学不允许的五次对称性，进而与合作者发现并研究了二十面体对称、八次对称等准晶相，为我国在准晶实验研究居于国际前列做出了贡献。已发表 400 余篇学术论文，合作出版了《电子衍射图》《高分辨电子显微学》《高空间分辨分析电子显微学》等六部著作。曾四次获国家自然科学奖；1994 年获中国电子显微学会钱临照奖；1996 年获何梁何利科学与技术进步奖。

主要内容

本报告深入探讨了固体原子排列规律的研究历程。从现代晶体学的兴起开始，详细介绍了 X 射线衍射在确定物质结构方面的重要作用，以及青蒿素分子结构的发现。接着，报告着重介绍了电子显微镜在直接观察原子排列方面的独特优势。此外，还探讨了准晶体的发现以及广义晶体学的发展，为我们解开了固体结构的更多奥秘。最后，简要概述了纳米碳材料的特殊结构，展示了原子排列研究在纳米科技领域的重要应用。报告系统地总结了固体原子排列规律的研究历程和其对科学进步的重要性。

【主持人】尊敬的观众朋友们，大家下午好！欢迎莅临深圳·大学城新论·名家讲座2018年第14讲总第115讲的讲座现场。首先，我们要感谢2017年12月的讲座嘉宾清华－伯克利深圳学院的刘碧录老师，为我们介绍并邀请了本场讲座的嘉宾，才使我们有幸能够邀请到著名材料科学家、中国科学院技术科学学部的叶恒强院士。

作为我国最早从事固体原子像的研究者之一，叶老师对固体材料结构和缺陷进行了深入的研究，为我国在准晶实验研究方面居于国际前列做出了重要贡献。掌握物质结构和性能的关系是人们认识自然和改造世界的基础，希望此次讲座可以让不同背景的观众对材料科学领域的历史发展，尤其是对物质的显微结构和新型材料结构的发现有感官的认识和一定的了解。

【叶恒强】谢谢刚才主持人的介绍，现在全国人民都在庆祝改革开放40周年，广东省作为改革开放的排头兵、试验区，是改革开放成效最显著的地方。而深圳又是这个排头兵当中的先锋，成绩是非常突出的。我本人在这40年当中也多次来过深圳，见证了深圳的成长和它的辉煌。今天很高兴有机会在这个讲堂上，跟大家报告一下关于原子排列的一些规律。

我的演讲分为以下几个部分，首先介绍一下现代晶体学的兴起，主要是X射线衍射的贡献；接着我讲一个大家都比较感兴趣的例子，就是著名的青蒿素的分子结构是怎样在X光衍射的协助下得以发现的；第三部分是介绍电子之眼，就是如何利用电子显微镜使原子的排列直观地成像；第四部分介绍一下广义晶体学，因为传统晶体学发展到21世纪已经有所拓展，我们过去所谓的平移周期性不再受到约束，有更广泛的准周期性来代替，例如五次对称性和准晶。最后介绍一些纳米晶体的特殊例子，例如碳60、碳纳米管和石墨烯。

一、现代晶体学

图16给出了碳元素的三种形态。上面是钻石，这是最漂亮的一种物质，也是自然界最硬的物质。它的原子排列就是图右上的金刚石结构。中间是石墨，铅笔上用的笔芯就是层状结构的石墨。它层与层之间结合比较弱。用铅笔写字，就是

把片层撕裂开留在纸上。最下面是无定形碳,例如常用的煤炭。它是一些石墨片组成的碎片,本身并不构成规则的结构。

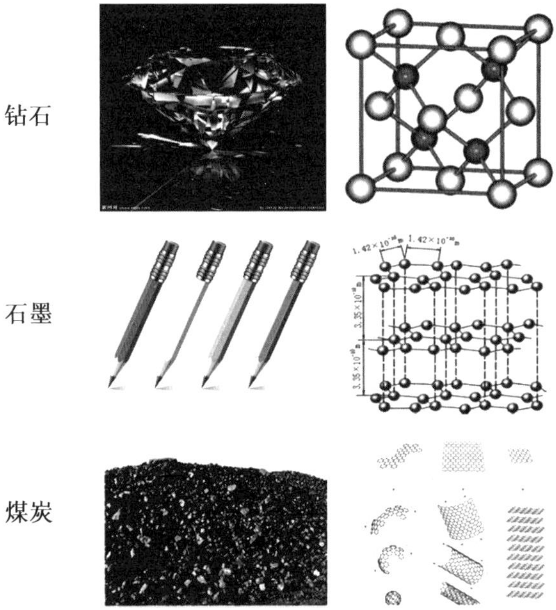

图 16　碳元素的三种形态:钻石、石墨、煤炭
(右列是相应的原子结构)

物质和生物体有相当一部分,它们内部的原子是做规则的排列。钢铁的基本元素是铁,铁原子排列成立方体。如果里面一点碳原子也没有的话,是比较软的,我们叫作软铁。如果掺进去一些碳,这些碳原子又占据了特殊的位置的话,铁就变成钢,显得比较硬。另一个例子是水泥,它的一个主要成分沙子,学名二氧化硅。它的原子排列基本的结构类似金刚石,当中还含有一些氧原子。

对于生物体来讲,生物进化的谱系是非常复杂的,但是它们的原子排列也是有规则可循的。生物结晶态的结构用 X 射线衍射研究得比较透彻。冷冻电子显微镜的发展,拓宽了生物大分子结构研究的视野。

晶体学作为独立学科开始于 18 世纪,最初是依靠晶体的外形来寻找基本规律,例如根据立方体或者是六角形的棱柱来判断它们的对称性。同时推断晶体内部的原子排列也应该具有这样的规律。加上晶体物理性质的研究,如光的双折射现象,来探讨晶体原子排列的规律。经典晶体学的理论是以对称性为基础,发展出完善的空间群理论。

有两类对称,一种是旋转对称,旋转 180 度、120 度、90 度、60 度可以重复,分别称 2 次、3 次、4 次、6 次旋转对称。还有一种叫作平移对称,原子经过一个平移以后,它完全重复,也叫平移周期性。

单用肉眼看晶体外形可以判断旋转对称性,尽管 19 世纪 90 年代已经从理论上得出晶体是原子的三维周期性堆积,并归纳出晶体原子排列可能有的对称群是 230 个空间群,然而存在平移对称性的实验证明是由 X 射线衍射得到的。

伦琴在 50 岁的时候发现了 X 射线,1901 年获得了诺贝尔奖。所以年轻人也不要着急,到 50 岁你还可以有这样的发现,所谓“十年磨一剑”。伦琴在进行高真空放电管实验的时候观察到阴极射线打到金属靶会发出射线。具体来说就是他在用黑纸包着的底片里面发现了曝光。现在知道那就是 X 射线,是波长在 0. 001 到 5 纳米范围之间的电磁波。现在 X 光在医疗、工业探伤、物质结构研究当中有重要作用。

1885 年 12 月 22 日,伦琴将 张用黑纸包好的照相胶片放在阴极射线管的旁边,X 光是一个电子束照射到金属当中把它激发出来的一些射线。他让他妻子把手放在胶片上面,给阴极射线管通了电。不一会照片冲出来以后,伦琴妻子一看大吃一惊,这是她的手掌,连她戴的戒指都照出来了。这是一张手掌上的骨骼可以清晰可见的照相底片,世界上第一张 X 射线的照片诞生了(图 17)。

X 射线第一个应用是用于透射的照相,但是更重要的应用是 X 射线的衍射。这是马克斯・冯・劳埃所发现的,1914 年他因此得到了诺贝尔奖。现代晶体学是以这个名义来命名的,2014 年的时候纪念现代晶体学 100 周年就是这么来的。

下面我们稍微展开一点儿,说说劳埃发现 X 射线衍射的故事。1912 年 2 月 6 日,厄瓦尔德当时是索末菲的博士研究生,请求劳埃帮助他用数学来研究 X 光对偏振原子点阵的作用。尽管劳埃帮不上厄瓦尔德的忙,但是他很热心地建议,他们是不是可以约在第二天见面,然后在他家里面吃完饭后讨论这个问题。后来厄瓦尔德开始向劳埃一般性地介绍他从事的课题。出乎他的意料,劳埃对这个方面并不了解。他向劳埃解释,他是怎样依照色散的原理,来假设在点阵当中振子有平移周期性的排列。劳埃反过来问他为什么要这么做。他说人们都认为晶体具有这样的内部规律性。因为这一点劳埃感觉到晶体非常神奇。

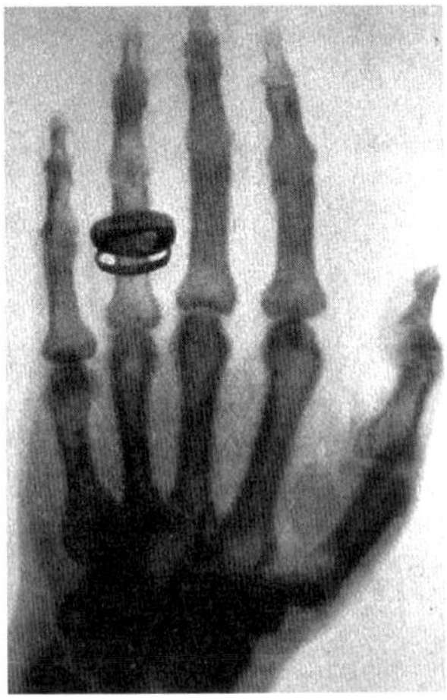

图 17　X 射线透射手掌的照片，也是世界上第一张 X 射线的照片

这时候他们已经进入花园了，劳埃问他你所研究的振子，它们之间的距离是多大？厄瓦尔德回答说比起可见光来说要小得多，大概只有波长的五百分之一或者是一千分之一，不过精确的数据还给不出来，因为目前结构理论中粒子的性质还没有搞清楚。不过对于他的课题来讲，精确距离无关紧要，只要知道波长是一个很小的数值就可以了。接着厄瓦尔德解释怎么处理这个问题，这个时候才发现劳埃听得心不在焉。劳埃再一次问他振子之间的距离。当得到了相同的回答的时候，劳埃就说如果用波长短得多的波来穿越晶体会怎么样？这就是 X 射线受到晶体衍射的一个思想飞跃。劳埃的“光学直觉”使他产生了思想上的飞跃，晶体中原子的排列如果是有规律的，按照我们现在说法是有周期性的，它们的间距与入射波的波长同数量级就有可能产生干涉。

在劳埃的鼓励下，他们两人在 1912 年的 4 月开始了这个实验。他们把垂直于晶轴切下来的平行晶片放在 X 射线和照相底片之间。在第一轮的实验当中，由于 X 光太弱，曝光的时间不足而屡遭失败。幸亏他们有坚定的信念，把曝光时间延长为数小时，才在底片上显示出有规律的斑点。当然我们现在 X 射线强度提高了，照相用不了几个小时，很短的时间就可以实现。后来他们改进了设备，采用了硫化锌、氯化钠等等晶体做实验，这时候衍射斑点具有更明显的对称性。接着劳埃也推导出一系列衍射方程，很好地解释了这些斑点的成因。劳埃的 X 射线衍射实验达到了一箭双雕的目标，它既证明了 X 光的波动性，又肯定了晶体空间点阵理论的正确性。

劳埃的衍射原理在目前已经推广成为一个倒易点阵的概念，就是说我们把晶体抽象成为一个倒易点阵的话，X 光的入射束可以看成为半径为 X 光波长倒数的球面。这个球面碰到了倒易点阵的点子，那么就是相应的原子面都将对 X 射线产生衍射（图 18）。

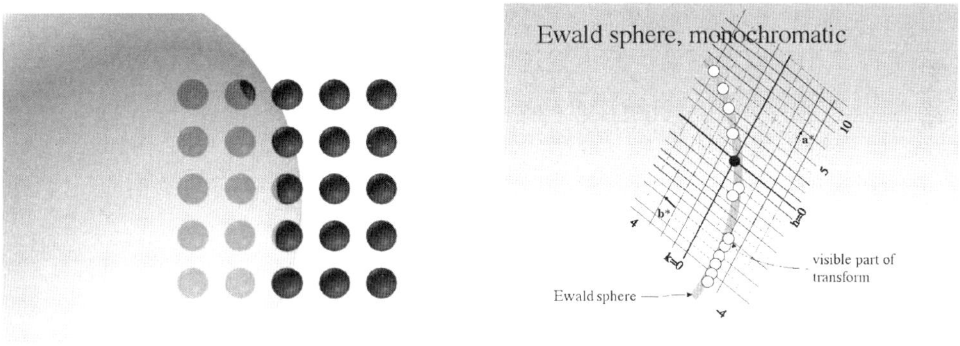

图 18　（左）晶体点阵的倒易点阵（小圆点）和照射的 X 射线（左侧的大球）；（右）X 射线化作一个半径为波长倒数的球面（Ewald 球），它与倒易点阵的阵点相截（球面上的白圈），这个阵点对应的原子面就产生衍射

X 射线衍射的另外一个推进是由布拉格父子来完成的，他们在 1915 年获得诺贝尔物理学奖。亨利是父亲，劳伦斯是儿子，他们各有所长。父亲是 X 射线粒子性的拥护者，所以他起初解释不了劳埃的发现。而儿子并无成见，他领悟到这是波的衍射效应，衍射效应对光学来讲已经是成熟的了。他看到了劳埃定量解释当中的问题，利用原子面反射的概念，提出了著名的布拉格方程，就是 $n\lambda = 2d\sin\theta$，λ 是波长，n 是个级数，d 是一个点阵平面间距，$\sin\theta$ 表示衍射的角度。

父亲擅长电离室的技术，确定了入射与衍射 X 光的波长和强度，用波长已知的 X 光来求原子面的间距 d，用 X 光的强度来反推原子的位置，从而确定晶体结构。他们做了一系列矿物的晶体结构。布拉格父子创立的 X 光衍射的晶体结构分析成为20世纪一个重要的科学分支。

二、青蒿素的分子结构

20世纪60年代美国和中国都卷入越南战争，由于疟疾猖獗，士兵减员，各自投入了大量的财力和人力，开展了抗疟疾新药的研究。从1967年起，在国家的统一计划下，先后有60多个科研单位、500多名科研人员分工合作，共同承担了疟疾防治药物的研究任务。寻找抗恶性疟疾药物从两个方面着手：一方面是寻找化学抗疟药，另一方面是发掘祖国医药学宝库。研究人员整理了多达808种可能的中药，后来注意力集中到青蒿上。1971年底，用乙醚提取物与中性部分分别对感染疟原虫小鼠以及感染疟原虫猴进行试验，显示100%的疗效。

运用X射线衍射分析确定青蒿素分子的化学和三维结构及其具有活性的绝对构型，发挥了重要作用。因为任何新药的认定，其精确的立体结构（即以原子为单位组成的三维结构和具有药物活性构型）作为其药理效应的结构基础，不可或缺。

1977年，以青蒿素结构研究协作组为主体的研究人员成功解析并报道了《一种新型的倍半萜内酯——青蒿素》，为青蒿素成功开发成为抗疟创新药物发挥了关键作用（图19）。青蒿素及其衍生物能迅速消灭人体内的疟原虫，对恶性疟疾有很好的治疗效果。屠呦呦受中国典籍《肘后备急方》启发，成功提取出的青蒿素被誉为“拯救2亿人口”的发现。2015年10月8日，中国科学家屠呦呦获2015年诺贝尔生理学或医学奖，成为第一个获得诺贝尔自然科学奖的中国人。多年从事中药和中西药结合研究的屠呦呦，创造性地研制出抗疟新药——青蒿素和双氢青蒿素，获得对疟原虫100%的抑制率，为中医药走向世界指明一个方向。

时光荏苒，如今我们重读《科学通报》的论文，有两点感触。一是在当时硬件和软件的水平下，得到如此高精度的结果，令人叹服；二是有高度创新的论文，不必连篇累牍，也无关影响因子。

生物体的结构更为复杂。器官之内有细胞，细胞之内有蛋白质，蛋白质之内有染色体，等等。但如果能够生长出结晶体，X射线衍射依然可以给出原子结构的图像。

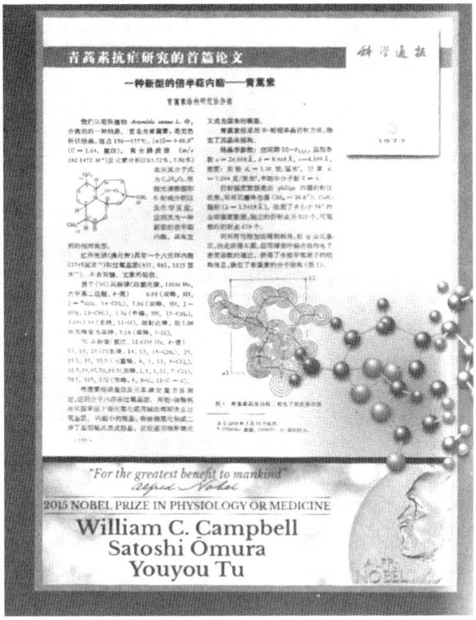

图 19　青蒿素的分子结构首发论文，
刊于 1977 年《科学通报》

三、借助电子之眼

人类在深化认识自然与自身中不断进步。图 20 的纵坐标是一条长度的标尺，小孩的高度是 1 米左右，蚂蚁是在 1 毫米左右，而人的头发和百合花的孢子是 1 微米左右，而细菌比微米还要小一点，病毒更小，在 100 纳米左右。

碳纳米管或者 DNA 是在纳米的范畴。肉眼的分辨水平在毫米左右的尺度；光学显微镜是在微米的尺度，大约是 1 微米；扫描电子显微镜和透射电子显微镜可达到 0.1 纳米。图 20 和图 21 给出不同物质大小的比较，以及不同分辨率的仪器的发展历程。

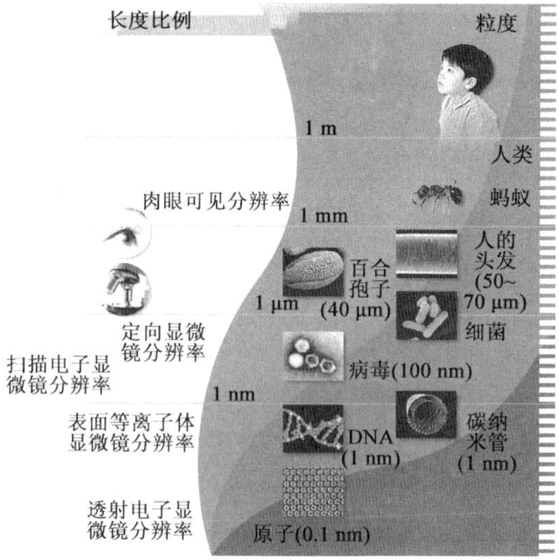

图 20　各种物体的大小与有关仪器的分辨水平。物体从上到下是:人、蚂蚁、人的头发、百合孢子、细菌、病毒、碳纳米管、脱氧核糖核酸(DNA)、原子

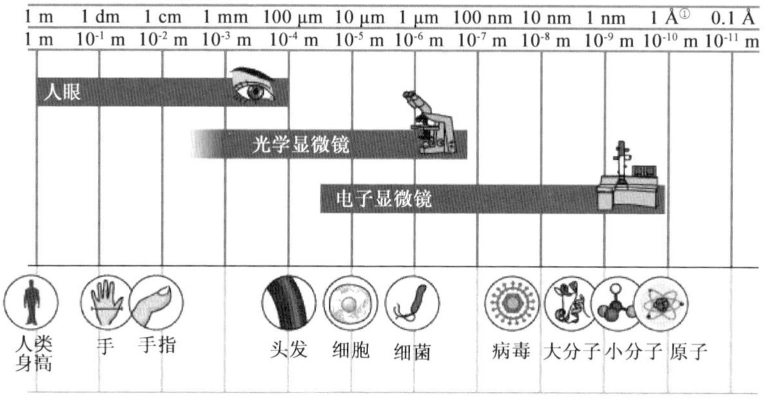

图 21　人眼、光学显微镜、电子显微镜分辨能力示意图。肉眼可分辨宏观物体细如发丝,光学显微镜可将细菌放大观察,用电子显微镜可看到原子

① 1 Å = 10^{-10} m

用肉眼来看，在25厘米的明视距离它能分辨实体到0.1毫米，相应的张角大概是1度。而对于光学仪器的分辨率，可以从布拉格的方程里面推导出来，$d=\lambda/2n\sin\theta$，这里n是光学透镜的折射率。这样凡是用波长更短的东西做一个探测仪器的话，它的分辨率肯定更高，光波的波长大概是几百个纳米，而电子可以到零点零几个纳米这么小，所以从分辨率水平来说是大大地提高了。

说到电子我们在这里列举一系列关于电子跟诺贝尔奖的关系，关于电子的发现、电子的波动性、电子衍射等等。电子的发现是从阴极射线确认了它具有负电荷的性质。

德布罗依(de Broglie)是法国人，他发现了电子的波动性。他在博士论文里面提出了一个设想，就是说他要将光的波动和粒子二象性推广到物质特别是电子。他认为微观粒子波动性是普遍的，每个运动粒子必然伴随着波长$\lambda=h/mv$。每一个粒子只要有动量，就一定有波长。而电子衍射的实验也证明了德布罗依的正确。薛定谔在此基础上建立了微观粒子波动方程。

戴维森和汤姆森发现了晶体电子衍射，小汤姆森是发现电子的汤姆森的儿子，他在很年轻的时候就获得了诺贝尔奖。据说在颁发诺贝尔奖的时候需要拿请帖进会场。他进会场的时候就被拦住了，说你太年轻了，你是干什么的。当时他是用铝的薄膜来做衍射，看得出来电子衍射跟X光的衍射是一模一样的。从这里面不但确定了电子的粒子性，也确定了它的波动性。

利用电子波的特点可以构造一个显微镜出来，X光作为电磁波实际上跟光是一模一样的。X光没有显微镜，我们现在做不出X光显微镜，因为光的波长太短，而光学显微镜是用光学玻璃透镜来做的，玻璃不可能把这样短的波长做成一个将它折射的透镜。电子受电场和磁场影响，电子透镜的电场或磁场可以使它折射，而做成这样的显微镜可以把物体成像。现在晶体的原子排列就有可能在像平面里面呈现出来。

拿硅做例子(图22)。硅的结构是金刚石结构，最上面的方向是[110]投影的结构，最近的两个点是0.136纳米。右边是相应取向的电子显微镜照片，可以看得出来这里面两个点可以分开。如果把这个再转一下，到了[112]这个方向，那两个原子柱的投影靠得更近。因为这是一个投影，就是你把它稍微倾斜一点以后，原子柱之间的距离就会变短，变成0.78纳米。右面是最早用球差校正电子显微镜拍到0.78纳米分辨的电子显微镜的图片。

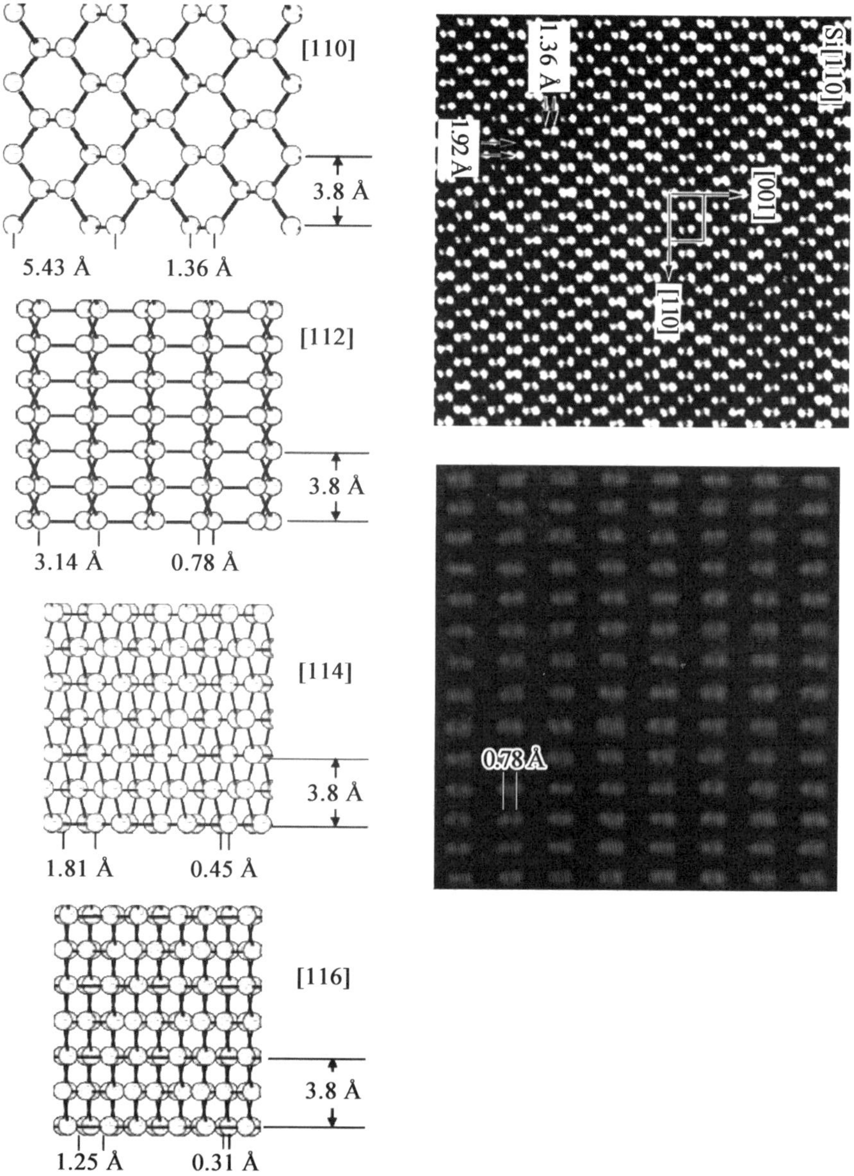

图 22　硅的代表性方向投影图(左)和相应的电子显微镜照片(右)

利用电子能量损失谱可以将原子的属性以及元素显示出来。图 23 是在钛酸锶的基体上生长出锰酸锶镧横截面的电子能量损失谱扫描像。里面镧原子呈现为绿色,锰是红颜色。中间这个钛酸锶,钛是蓝颜色的。所以合成起来钛酸锶上面沉积的锰酸锶镧,看得很清楚。当时锶没有做出来。当然在目前的显微镜里面这些都不是问题。这说明电子显微镜不但可以显示原子柱的位置,还可以显示原子柱是哪种元素。

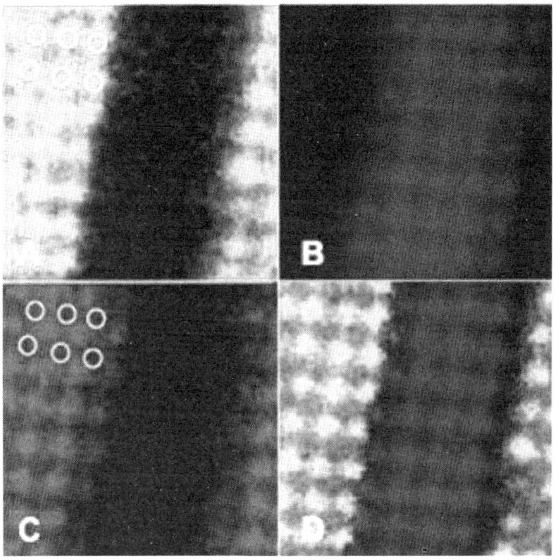

图 23　$La_{0.7}Sr_{0.3}MnO_3/SrTiO_3$ 多层膜截面的电子能量损失谱元素选择成像。每个图边长为 3.1 nm。图(A)是 La M 边成像,白圈标出 La 原子位置。图(C)是 Mn 的 L 边成像,亮点对应 Mn 原子柱,图上白圈标出 La 原子,可见 La、Mn 原子位置是分开了的,距离为 1.9 Å。图(B)是 Ti 的 L 边成像。图(D)是全成像[D. A. Muller, L. F. Kourkoutis, M. Murfitt, J. H. Song, H. Y. Hwang, J. Silcox, N. Dellby, and O. L. Krivanek: Science 319 (2008) 1073]

四、广义晶体学——五次对称性和准晶

下面我们要讲到广义晶体学,通过五次对称性和准晶的发现把现代晶体学推进到准周期的阶段。我们看到晶体的外形反映出原子排列的对称性,比如说钼铅

矿是立方体，还有一种是正交的硫化物，紫水晶是三角形的，外形棱柱是三次对称的，金绿柱石是六角对称，有六棱柱形，石膏是单斜的，长石是三斜的等等。

这种对称性1、2、3、4、6次旋转对称可以跟平移对称相容，充满整个原子空间。而5次对称是不可以的。比如说我们拼地板的话，长条的是2次对称，它可以铺满地面。三角可以，六角也可以，4次（正方形）也可以。但是你拿五边形来铺地板就铺不满。它最后有一些空隙，空间更是如此。

但是所谓平移对称性其实并不要求都是非常简单的单元，它可以容纳一些复杂的单元。荷兰画家Escher画了很多古里古怪的东西，例如飞马，更复杂的如勇士骑着马向右边走，同样一个勇士骑着马往左边走，也能铺满整个平面。就是说平移对称并不要求单元是一个非常简单的东西，复杂的也可以。

我们在一个晶体当中就看到了所谓块体不允许五次对称的衍射（图24），而这个空间恰恰是一些具有平移对称性很细碎的畴结构。这里面我们标示出来的有C相，U代表立方的相，L是六方的相，Z是锆四铝三相等等。每一个相所占据的位置都很小，但都有平移对称。它们互相之间堆起来以后居然会得出一个五次对称的衍射。当时我们在得到这个衍射谱的时候也苦恼了一阵子，因为总归是跟传统的观念不一样。后来我们细细研究了一下，它们的结构是这样子的。

所有相的结构都是由一些二十面体组成，见图24下方的示意图，深一点的原子是同一平面层，再往下一层是白圈的，用虚线相连，上层是五边形，下面一层也是五边形，不过转了大约36度。上下两个五边形构成二十面体，以五次轴垂直于纸面。所有这些相的构成都是这样一些基础单元，而且不单是这样子，各个所有的相，当中的基本单元的取向都没有改变。它们之中任何一个单元，有的只是说在一个位置上面五边形跟下面五边形互相转了36度；在另外一个位置里面，它可能上下两个反过来，但是各个二十面体的取向并没有改变。这就启示了我们，在所有相当中最基本的单元就是二十面体，这个单元取向是保持不变的。我们把这个单元做了一个傅里叶变换，就是把它的衍射做出来，显示出像实验的衍射图一样的五次对称性。说明在正空间当中尽管在局部里面保持了平移的对称性，但是它们每一个单元都有非常好的一致取向，显示出五次对称。

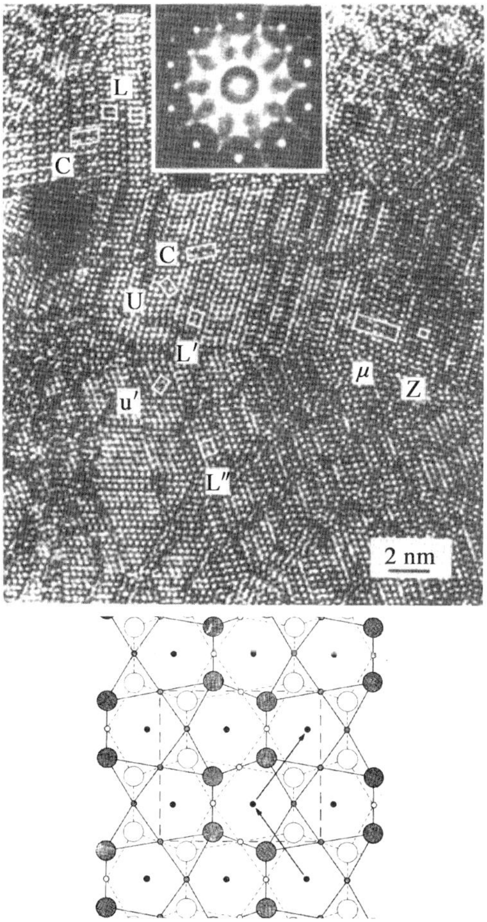

图 24　各种相的畴区仅几十纳米大小(上),但所有相在这个取向的五角反棱锥的位向都一致(下)。五次对称衍射是这些平移受限而结构单元取向长程有序的结果

后来我们希望能够把具有平移对称性的各个相的尺度缩小,缩小成一个完全没有平移对称性的单元,使五次对称显示得更明显。关于五次对称性能够相容于晶体,早就有人怀疑。在 20 世纪 70 年代,数学家将胖一点的菱形和瘦一点的菱形拼在一起,就可以拼成一个很好的图,把整个平面铺满。另一位科学家在 1982 年用这个图做了一个衍射图,得到了非常好的五次对称性。他进一步把这个观念

从二维推广到了三维,也得到了很好的结果。这些都是理论思考的结果。

重要的突破是谢彻曼做出的。他 1982 年在铝锰合金里面看到了五次对称衍射,还看到五次对称轴、三次对称轴跟二次对称轴之间的角度严格符合二十面体的对称性。在这个合金当中他找到了一种这样的相,具有五次对称二十面体的取向有序,但是没有平移对称。在衍射里面找不到平移的周期性。他在 2011 年获得了诺贝尔化学奖。颁奖词里面说,他以不懈的战斗来对抗已经建立好的规则,而且从根本上动摇了化学家所认为的固态物质只有平移对称的观念。

我们用将液态金属快速冷却的方法,试图得到纯粹由二十面体保持取向有序但没有平移序堆垛在一起的块体,1984 年在钛钒镍里面得到了准晶,而在另一个体系得到了十次对称的晶体(图 25)。

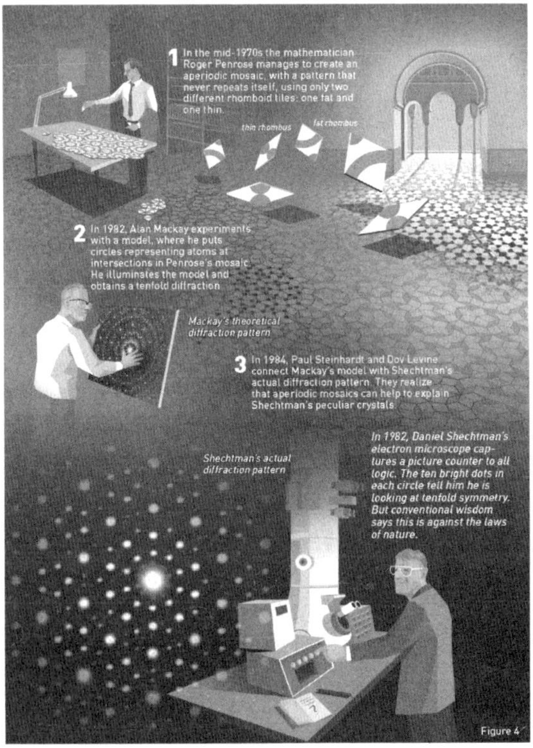

图 25　从五次对称性的数学演练到准晶的发现

这种没有平移对称性是什么？我们管它叫准周期，就是这个周期不一定非得是 AA、BB，可以是 AB、ABBA 诸如此类的。

五、碳纳米晶体

1996 年有三位科学家得到了诺贝尔化学奖，C_{60}是他们最先在地外空间里面发现的碳的碎片，他们用质谱仪分析出来这个碎片里面是 C_{60}，最后斯莫利和克罗特在实验室里面用激光打到碳上面溅射出来一些碎片也能重现出来 C_{60}，同时出来的还有 C_{70}，但是最强的就是 C_{60}。所以他们对 C_{60}做了详细的分析，最后得到一个结构叫富勒烯，是足球的形状，有六边形也有五边形。最终确定 C_{60}的结构还是要通过其他的化学手段包括质谱仪等等来确定它们之间的键。他们是在 20 世纪 80 年代得到初步结果，到了 1996 年才确认了这个结构。C_{60}也是非常活跃的化学研究的分支。

如果我们把 C_{60}叫作零维材料的话，那么碳纳米管就可以叫作一维材料。它是石墨单层六角的网格卷起来。饭岛澄男（Simio Iijima）在 1993 年通过电子显微镜发现了碳纳米管。饭岛在 20 世纪 60 年代就已经在美国了，是用点阵像直观显示晶体结构的首位科学家。他当时是在亚利桑那州立大学固态物理中心高分辨电子显微镜实验室里面管理电子显微镜上镜操作的把关人。所有想要独立做实验的人，都要去拍一张石墨的照片。层状石墨的面间距是 0.34 纳米，申请人需要把石墨的层状 3.4 纳米的条纹拍出来。他就是那个检查把关的人。你拍完以后给他看，他确认你拍好了，你就有资格去登记独立地工作。当时我也在这个实验室里面。后来他就离开了，因为不讲课光做研究，在美国的大学里面当不了教授，只能当研究员。他在 20 世纪 80 年代回到日本了。那个时候美国人发现了 C_{60}。他想这个东西我是不是也看见过。当时他在美国拍的照片都是玻璃底片，他把玻璃底片都运回日本去了。他回过头来检查那些底片，确实看到很多很像富勒烯的小球，但是没能确认它们。因为富勒烯从任何方向看过去，投影下来的原子结构都是密密麻麻的，到目前为止也解释不了，用电镜来看也分不开。他还看到了另外一些东西，比如说管子之类。当然 70 年代那时候的照片分辨率不够，到了 90 年代就不一样了。他重新设计了实验，用激光打在碳靶上，溅射出来碳的产物就看到了碳纳米管。碳纳米管是纳电子学的首选材料，这大家都知道（图 26）。

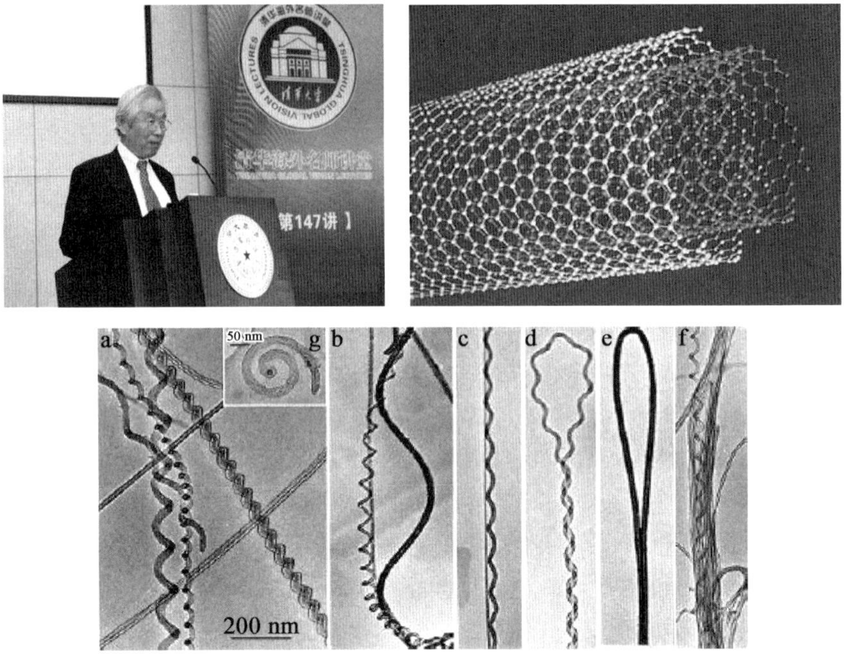

图26　饭岛澄男在清华大学演讲(左上)。碳纳米管的电子显微镜照片(下)和碳纳米管的示意图(右上)

在2010年二维石墨烯的发现人安德烈·盖姆获得诺贝尔物理学奖。现在Geim跟深圳这边已经建立了联合实验室。很有趣的问题是,为什么零维的碳、二维的碳可以得诺贝尔奖,而一维的碳得不了诺贝尔奖?这是我们电子显微学界的人常常讨论的问题。特别是一维的碳是纯粹由电子显微镜发现的,所以我们做电镜的人非常希望有位科学家来得到这个奖,来说明电子显微镜的威力。但是到现在为止就是不颁发这个奖,所以很叫人郁闷。

最后我们总结一下,固体中原子排列的规律已大体被人了解,因为X光衍射起到一个开创性和关键性的作用。目前X光衍射还是一个最成熟的方法。X光照完以后的结果就无可怀疑了,电子显微镜的直观成像显示出良好的前景。掌握物质结构与性能的关系是人类认识自然和改造世界的基础。电子在原子周期性排列的晶体中的输运规律是信息科学技术的基石,而结构材料中原子平移对称性的破损有可能导致灾难性后果。比如说我们现在所说的位错等等，如果出现这种情况还是很可怕的。人们探明物质结构内部原子排列的努力仍在继续，科学家利用材料各种性能用以造福人类的研究永无止境。所以机遇在等待着有志于此的年轻人。这是我今天的报告。谢谢大家！

提问环节

【主持人】感谢叶院士为我们带来的高水平的讲座，作为一个文科生我对这个讲座真的是没有办法做出一个高度的总结和概括，正好我们清华－伯克利深圳学院的康飞宇院长也在这里。那么就请康院长做一个简单的总结，并且引出后面的互动。

【康飞宇】我自己是学材料的，叶老师这个讲座使我受益匪浅。叶老师是用电子显微镜从事研究的，是中国从事透射电镜最重要的人员之一。他在球差校正电镜这些方面做的工作非常多。我觉得叶老师今天讲的从材料的结构到材料的性能，讲了两个最常用的表征技术，或者是最有力的两个，一个是 X 射线衍射，一个是透射电子显微镜。其实我们在座的有很多学材料的，也都在用这些技术。材料科学有很多故事，叶老师讲了一些。叶老师自己也有所发现。

今天叶老师所报告的内容偏科普一点。深入的话，实际上现在 X 射线衍射也在发展成小角散射，好多人做同步辐射的中子衍射，这些方面都是做材料所需要的。我们要发个好文章必须要有电镜照片，甚至是更多的技术资料。结合叶老师讲的，可能还有例如材料基因组计算。将各种原子组合起来，比如说四种元素怎么组合，这个光靠做实验就不行了。需要去算，算完了去做，做完了是个什么东西，是不是原来希望的那样。这就需要叶老师他们去鉴定做出了什么东西。这是我的理解，因为这个和我的专业比较近，特别是最后讲的碳的东西我们也都一直在做，觉得是比较贴近的。看看大家有什么问题问一下叶老师，讨论一下。

【主持人】接下来同学们赶快准备好你们的问题，非常难得有这样的机会，能够近距离和叶老师做一个对话，谁想提问可以举手向我示意。

【观众】叶老师您好，这真是个非常精彩的讲座，我想问您刚提到用 X 射线不能做成电子成像那样。主要原因是在什么方面？主要是没有那种透镜吗？

【叶恒强】主要是没有透镜。

【观众】为什么做不了,能不能具体解释一下?

【叶恒强】因为它是电磁波,电磁波跟光是一样的,所以能够通过一个介质把它折射,把它通过透镜会聚起放大效应。这是一个基本的条件,如果没有这个条件就没有办法做这个透镜。电子不一样,电子通过电子透镜的磁场把电子会聚起来就可以成像。为什么X光不行?因为没有一种玻璃的介质能够让它产生这样有利的折射,或者说玻璃对它来讲是会聚的透镜。

【观众】您刚才提到做富勒烯的时候,从电镜上看出来是二维的图像,现在有没有开发三维的技术,直接能够看到这些?

【叶恒强】好像目前还没有,他们用透射电子显微镜是把富勒烯扫描一下,起码能够把表面的轮廓看出来,有一些类似的图像。但是我觉得不是很有价值。你都知道富勒烯是什么样子,你就扫一下说我这个对得上,这意义不大。对于电镜来讲希望能够用成像的办法一点一点把三维的结构显示出来,但是目前还没有做到。

【观众】我想问您一个比较一般性的问题,就是像在1983、1984年的时候,比如说您发现镍钛合金五次对称的时候,那时候国内的科研环境和现在有什么差异?当时我们在写文章投稿方面是什么形势?

【叶恒强】我顺带回答这样一个问题。因为在2011年谢彻曼得了诺贝尔奖以后,很多关心的同志都说我们中国科学家跟诺贝尔奖擦肩而过。我可以跟大家讲,我们离诺贝尔奖还有一段距离。因为谢彻曼从1982年第一次看到五次对称的衍射图,到1984年发文章,到2011年得到诺贝尔奖,已经过去了很长时间,所有这些故事都搞得很清楚。1982年4月他一次在铝锰合金里面看到了五次对称衍射,他现在能够把当时的实验记录给我们看,是4月12日记下来的。所以大家一定要做好实验记录,真有争议的话,你就把它拿出来。他1984年发文章,经过了两年多,不被理解,他自己的认识也有逐步前进和产生飞跃的过程,经历也不容易。我们在1984年的6月看到了高温合金中拓扑密堆相细碎畴结构的五次对称衍射。我们很想把这个五次对称衍射做成在正空间里面把它缩小成单单有一个二十面体这么一个集合体,所以就分派了两个学生去做。大概是在 1984 年底 1985 年初的时候我们在钛镍合金里面看到了非常清晰的五次对称衍射,这个已经不是我们看到的模模糊糊的点,而是非常清晰的点。但是我们当时不知道铝锰合金,他们已经发表了文章。一个在澳大利亚悉尼大学的原来郭可信先生的学生,他转过来一篇文章,说在《物理评论快报》(*PRL*)上 11 月的文章里面出了五次对称衍射。我们一看这个就是我们看到的东西。这就是当时的情况。

当时互联网没有兴起,我们得到的信息是不对称的。我们得到这个信息以后马上让张泽去做实验核实。因为当时我们在沈阳的电镜是顶插的,它只可以转到正负 15 度。上海硅酸盐所的电子显微镜是侧插的,可以转到正负 45 度。张泽也很辛苦,连春节也没有休息,就在硅酸盐所转出来了极射赤面投影的三角形,五次对称、三次对称、二次对称,完全符合二十面体的对称关系。回来以后我们努力把这个五次对称取向相应的高分辨像拍出来,1985 年 7 月发表。如果从发文章来看,我们应该说比他晚了七八个月。这是历史,没有办法改变。

谢彻曼在 2000 年得了一个以色列的大奖,叫沃尔夫奖。我们在群里面讨论过,他有没有可能得诺贝尔奖。有两种意见:一种意见认为沃尔夫奖的获奖者有三分之一的概率可以再得诺贝尔奖。郭先生的意见不一样,他说从化学的角度得过沃尔夫奖的人都得不到诺贝尔奖。可惜的是郭先生没有看到后来的情况。

现在回过头来看是这样子,就是我们对准晶的发现在很大程度上是独立完成的。最后那一刻受到很大启发这没有问题。在很长一段期间里面我们独立走过了一段道路。所以我们的体会是这样的:中国科学家在跟随一个兴起的浪潮迅速地赶上这个潮流,并且扩大这个战果的能力是毋庸置疑的。最明显的例子就是铁基的高温超导。这个铁基超导日本人做完以后,无声无息停了半年。中国人见到以后做得风生水起,非常热闹。最后日本人反过来感谢中国人,说你们真好,给我们打了气,我们原来都拿不到资助,现在一下就可以得到很多支持了。所以说我们跟风也好,或者是扩大领域也好,这种能力是很好的。但是我们从准晶的研究里面也可以看得出来,科学家跟着一个火把或者是跟着一个旗帜去走,跟独立地在黑暗当中摸索前进还是有区别的。

在我们科学的发展当中,中国科学家还是有能力去触碰到科学的前沿的。我们希望年轻的朋友们能够在现在更好的条件下尽到自己最大的努力,谢谢大家。

【主持人】非常感谢。如果没有其他问题的话我们本场讲座就到此结束,未来属于年轻人,我们也非常希望有更多的年轻学子能够投入到我们这个大家庭里面。感谢叶院士为我们带来的精彩讲座,这是大学城管理办公室为本场讲座、为您本人送出的讲座纪念证。

演化计算探源

主讲人:姚新

讲座时间:2019 年 3 月 16 日

讲座地点:深圳大学城图书馆四楼 413 报告厅

主讲人简介

姚新,IEEE 会士,教育部长江学者,国家级人才,曾获国家基金委海外杰青项目资助。现任南方科技大学计算机系讲席教授兼系主任,在国际上率先开展了演化神经网络的研究,提出了一种新型的神经网络学习算法 EPNet,突破了传统学习算法易于陷入局部最优的瓶颈,从而使得神经网络可用于解决更多复杂场景下的数据分析任务,产生了巨大的学术影响。此外,姚新教授还是负相关学习理论的提出者,也是国际上最先研究智能优化算法计算时间复杂度问题的研究人员之一,代表性论文入选 ESI 高引论文。姚新教授还发展了基于多算子的智能算法、针对约束有化问题的约束处理技术,并在国际上率先开展了大规模智能优化算法的研究,其先后提出的快速演化规划、随机排序、大规模协同演化等算法均已成为相关领域技术发展的标杆。姚新教授是人工智能领域的国际领军学者,曾任 IEEE 计算智能学会主席(2014—2015),《IEEE 演化计算会刊》主编(2003 - 08),2012 英国皇家学会 Wolfson 优秀研究奖,2013 IEEE 计算智能学会进化计算先驱奖,2017 IEEE 计算智能学会最佳贡献奖,2020 IEEE 弗兰克 · 罗森布拉特奖等。

主要内容

本报告深入介绍了演化计算的基本理念及其广泛应用。受自然演化中适者生存的启发,演化计算通过选择、交叉和变异等随机过程,在有限时间内寻找问题的解。报告详细探讨了演化计算在数据驱动建模、动态优化、多目标优化、演化神经网络以及脑体一体化设计等领域的应用案例。演化计算适用于解决复杂优化问题,并展示了在科学研究和技术应用中的巨大潜力。

今天报告的主题是演化计算。我从读博期间就开始对演化计算感兴趣,持续研究了很多年,对演化计算情有独钟。经常有人问我为什么要研究演化计算,希望可以通过这个报告给大家解释一下,为什么我研究演化计算,为什么应该研究和使用演化计算。这里要提及一下演化算法,它是一种基于群体的元启发式最优化算法,本文中谈及的演化算法都可以等同于演化计算。

一、受自然启发的计算技术

(一)传统计算系统存在的问题

计算机的相关研究和应用方向覆盖面很广。如智能手机,可以用于听音乐,可以识别指纹和瞳孔。机器人相关研究发展也很迅猛,电视节目中播放的机器人跳舞甚至比大部分人跳得都整齐。但是,当大家真正使用计算机或者说研究计算机科学的时候,可以仔细想一想,我们现在使用的计算机跟十几年前使用的计算机相比,是否真的越来越好用了?还是越来越不好用了?可能大家并没想过这个问题,但是大家可以回忆一下自己更换新计算机的频率,是否四五年就会换一台新机器?

如果真正深入思考这个问题,我们就会发现现在使用的计算机,无论发展多快,都不是特别灵活。什么叫“不灵活”?比如大家使用的一些智能手机的机背有指纹识别功能,如果试着拿这部手机的机背对着人脸或人眼,试图识别脸和瞳孔肯定会失败。因为一旦一个计算机软件或者一个硬件系统被设计好,那它就只能做那一件特定的事,非常不灵活。人可不是这样。

计算机系统还有一个不同于其他系统的特点,就是它特别脆弱。假如一个人被雨淋了,也许会生病,但休息过后会恢复健康。可是,如果一台计算机被雨淋了,就有可能不工作了,它非常脆弱。

计算机的自适应能力也特别差。例如写计算机程序时,少写一个标点符号,编译时就会报错。第一次编译程序,少一个逗号报错;第二次编译程序,少一个逗号还是报错。但如果是人与人交流,第一次沟通有困难,第二次就开始互相适应、理解,而这种方法计算机当前是不支持的。

现有计算机的抗噪能力都比较差,非常依赖于人。所以我经常对南方科技大学本科一年级的学生说,计算机科学跟其他的工程科学比起来是很有意思的,因为工程科学的最终目的是要做点人工制品,这个人工制品是帮助人类的。但是我们需要花四年的时间去上大学,学会写出更高效的更漂亮的程序,写出漂亮程序的唯一目的是使得人类能和计算机进行通信。这就本末倒置了,人类造出计算机,计算机应该学习人类的语言,而且不是人类去学习计算机的语言。人工制品是帮助人类的,而不应该是人类去帮助它,但是现在计算机好像太依赖于人了。

而且计算机还有另一个很大的缺点:无趣。

为什么我这个学计算机的人不喜欢计算机?实际上,以上问题不是现在才提出来的,几十年来大家都在观察这些现象。表 2 列举出了传统计算系统的缺点和自然系统的优点。

表 2　传统计算系统的缺点和自然系统的优点举例

传统计算系统的缺点举例	自然系统的优点举例
不灵活	适应性强
脆弱的	恢复力强
自适应性差	持续学习
抗噪能力低	鲁棒性高
依赖于人	无须监督
无趣	充满创造性和奇妙性

(二)来自大自然的启发

现阶段的计算系统往往存在着不灵活、脆弱、自适应性差、抗噪能力低、太依赖人和无趣等这些缺点;对比而言,自然系统通常有着适应性强、恢复力强、持续学习、鲁棒性高、无须监督、充满创造性和奇妙性等特点(表 2)。

在科学技术发展的过程中,大自然往往是一个找寻灵感取之不尽的源泉。一个较为经典的例子是观察鸟类的飞行对人类发明飞行器的启发和影响。一些科学史相关的书籍中有记载,早期关于所谓的飞行器的研究和试验中,的确是有一些具有献身精神的先驱者在胳膊上绑一些人造“翅膀”从悬崖上往下跳。然而,最后成功实现飞行的不是一只人造鸟,而是固定翼飞机和螺旋桨飞机。自然界中不存在头上长螺旋桨的鸟,但是设计的飞行器是有螺旋桨的,写出的动力学方程与鸟的相比也不太一样,现在大家坐的喷气式飞机的动力学原理就更不一样了。这说明从大自然界找灵感的时候,不是把自然界的东西一模一样地复制出来,但是最初的这个灵感对你确定方向和开始研究非常重要。

既然有这种先例,计算机科学是不是也可以走这条路?设计计算机系统的时候,学习自然系统如何解决面对的问题。如果把自然系统也看成一个计算系统(实际上自然界的很多系统确实是计算系统),我们就会发现它有很多特点。

首先,绝大部分的自然系统有极强的恢复力。比如人类或动物骨折了,可以自我恢复。但计算机摔坏了,无法自我修复。

其次,自然系统有非常强的自适应能力。一个自然系统不是只做一件事,而是可以做多件事,最典型的例子是大脑。电脑和大脑的差距太大了,辛苦训练出来的一个人脸识别程序,无法识别语音,就是缺乏自适应能力。人脑可是什么都能做。

自然界的系统没有明确的训练和测试的分工,不需要明确指出什么时候是训练学习、什么时候是测试应用,而是总在持续性地学习,这和现在计算机系统的概念不太一样。一个计算机系统做好了供用户使用之后,往往就不变了。但我们希望在用户使用的过程中,这个系统也能继续学习。智能的计算机系统应该不断地学习如何做好事情,永不停止。

最后一点,就是自然系统为解决复杂问题找出的方案,往往是我们意想不到的,具有奇妙性和创造性在里面。人类虽然很聪明,但是从很多专业的技能来说,并不是在自然界里面最优秀的。一些自然现象和动物行为是非常有奇妙性的,而这些奇妙性往往看似平常。这些平常现象有时会被认为和计算机科学无关,但如果以计算思维的角度去考虑它们,我们就会发现它们跟计算、计算机科学都有关系。

例如蚁群。如果有一群蚂蚁从南向北在地上走直线,我们在蚂蚁前进的方向上放一块砖头把路挡住,这个砖头西边留长点,东边留短点,蚂蚁需要决定往西走还是往东走(假设无法翻越砖头)。那么蚁群最后会往哪里走?非常奇妙,几分钟之后,大部分的蚂蚁都会从短的这边走。那它们是如何知道这条路径更短呢?如果我们抽动砖头,使得西边变短,东边变长,几分钟后蚁群就会改变行进路线,从西边(短边)绕过去(图 27)。

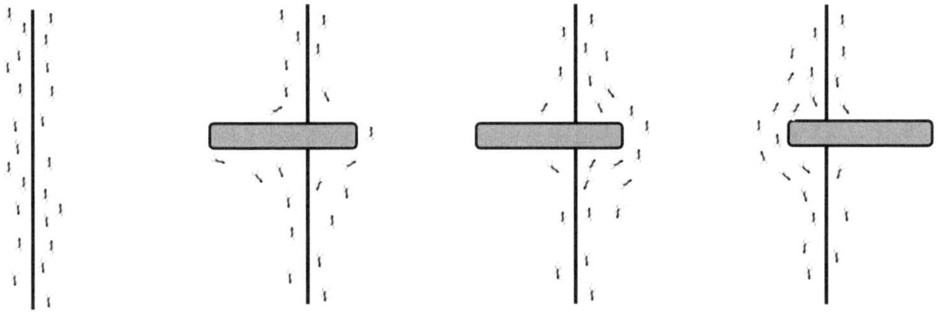

图 27　蚁群寻路示意图

计算机科学中的一个典型问题是寻找最短路径。给定一个图,找图中两个节点之间的最短距离,有很多现成的算法。但假定这个图是动态的,它的节点在变,节点间的连接路径也在变,目前没有太多现成的算法可以高效求解任意两点之间的最短路径。动态问题就有这个特点,不断在变,我们希望把自然系统的强自适应性放在计算机系统里面。这就出现了一个困难的问题,蚂蚁怎么知道找最短路径?如刚才提到的例子,这个砖头挪来挪去,蚂蚁总是在一段时间后能找到一个最短路径。这个跟我们现在常谈论的群体智能相关。很多不同背景的学者都在研究群体智能。群体智能的一个很经典的例子,就是蚁群算法。

这是计算机科学研究向大自然汲取一些灵感以及借鉴它解决复杂问题能力的一个例子,也借鉴了在解决复杂问题的时候,如何在解的高效性和所使用资源的有效性之间找一个最佳的折中,这是高效率。很多高效率的行为是“必需的”。蚂蚁并不十分聪明,它们的很多行为是本能的求生行为,这是所谓的“必需的”意思。蚂蚁行为的原理其实十分简单，这也是我们计算机科学家特别希望实现的。一旦我们理解这些原理或者道理以后，可以通过把它形式化来定义新的计算方法和计算模型。像这样受自然启发的计算技术还有很多（见表3）。

表3　受自然启发的计算技术

自然界灵感	计算技术
生物进化过程	演化算法/进化算法
大脑神经元	人工神经网络
人类社交活动	多智体系统
群居昆虫	蚁群技术
量子物理	量子计算

以上都是讲为什么计算机科学研究会跟自然界的一些现象相关。实际上用这种思路来做计算机科学的研究，并不是一个新潮流，只不过不是所谓的主流。表3列举了一些受自然启发的计算技术。演化算法，有时被翻译成进化算法，是受生物进化过程启发的，尤其是达尔文的进化过程，不是拉马克的进化过程。虽然很多灵感是从这里借鉴过来的，但最后的计算模型和数学模型并不是完全一样。人工神经网络也是受到了大脑神经元的灵感启发。所有的群体智能都和真正的群居昆虫有非常大的关系。这些受自然启发的计算机技术也保留了自然系统的一些优点，适用于实际问题中的多种任务。以下通过演化算法介绍一些此类计算系统的应用。

二、演化算法

（一）演化算法的基本思想

演化算法（又称进化算法），跟自然演化中的“适者生存”概念密切相关。适者生存无非是在一个环境当中，假如资源是有限的，适应性强的物种和个体有更高的概率生存下来，不适合的慢慢被淘汰。这么简单的一个过程，可以被变成一个问题求解的过程。

假定我遇到了一个非常具体的实际生活中的应用问题,但我从来没有见过这个问题,不知道它可能的解是什么样的,但我需要在有限时间中找到一个解。一个没有任何领域知识的人遇到这样一个困难问题,最直观的解决方案是猜,基于多个猜测的初始解,基于某个概率分布把这些解当中比较好的选择出来,反复改进或者随机改变,产生新的解,再把之前的解替换了。重复以上过程,解的质量就会越来越好,最后就会得到一个不错的解。以上提到的解的选择和修改,就可以借鉴生物上的适者生存、交叉、变异等。这个例子十分简单,但介绍了演化算法中一个很基本的想法(图 28)。选择、交叉和变异都是随机过程,这对于保证算法的全局收敛性非常重要。如果是一个确定性的过程,算法的全局收敛性就没法保证了。所以研究中除了具体的算法设计之外,也需要使用数学工具对演化算法进行理论分析。

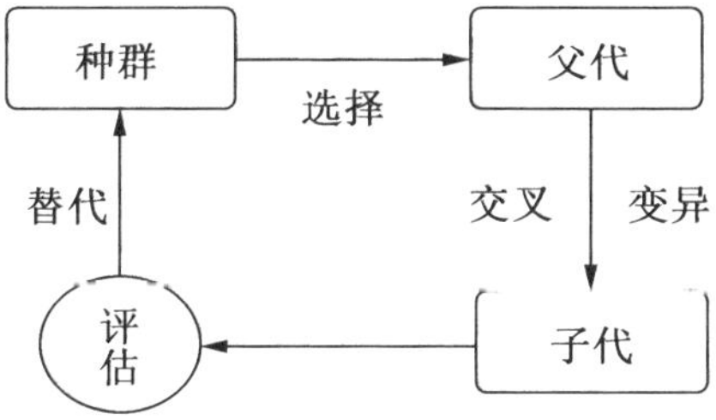

图 28　演化算法的一般流程

（二）演化算法的潜力

演化算法也许并不知名。然而,2018 年美国国会通过的《出口管制改革法案》中说明美国商务部工业和安全局将演化计算列为针对中国的供应链中禁止出口的项目。人工智能刚刚兴起的时候,*Nature* 在 2015 年发了一次机器智能的专刊 Machine Intelligence,探讨当前研究的人工智能技术以及将来应该研究哪些人工智能技术。该专刊中收录了六篇文章,每篇文章关注一个方向。关于深度学习有一篇文章,关于强化学习有一篇文章,还有一篇文章是关于演化算法的。该专刊中关注的不仅是当时最热门、最前沿的方向,也关注极具潜力的方向。演化算法就是人工智能六个代表性的方向之一。

实际上,演化计算已经有广泛的应用。例如用于飞机机翼形状的设计和优化,寻求空气阻力较小的机翼设计方案;另一个经典应用是路径优化。十余年前,演化计算还曾被应用于飞行器的天线设计优化[1]、物流配送系统中的路径优化[2]、大型桁架结构设计(如鸟巢、水立方等[3])、仿生机器人的设计[4]等等。前面提到的几个例子可能跟现实生活关系比较密切,而跟做科研关系比较密切的,就是仿生机器人的设计。在设计机器人的时候,形态是非常重要的。对于在地面上行走的双足机器人或者四足的动物,形态也许不是太重要,但是水里面的机器鱼的形状非常重要,需要减小水对它的阻力。自然界的鱼是什么形状,就设计成什么形状。可是鱼也是多种多样的,鱼的形状一定跟它游泳的动力学有关系,不同体态游得不一样。假如我们现在设计一条机器鱼,但是不知道它会怎么游,既要设计它的形状,又要设计一个控制器,经常被称为"脑体一体化"的设计,并不是一个简单的任务。然而演化计算的技术就非常适合用来解决这类问题。

(三)演化计算的应用领域及实例

我将介绍如何用演化计算的方法在一些比较偏研究方向的领域做贡献。当大家遇到一些相对比较棘手的问题时,或许可以尝试用演化算法。

1. 数据驱动建模

第一类问题是数据驱动建模,这个问题是无处不在的,并且处处都是难问题。这个模型不是靠人通过思考而写出一些数学模型,而是从数据中建模的。数据驱动建模的一个例子是新型合金的设计。我这里讲的例子是新型的铝合金设计,如航天材料的设计。传统的新型合金设计过程比较辛苦,需要在实验室里进行实际实验,以一定比例混合各种粉末,搅拌并做测试。在测试中,以一定的力和加速度拉扯做出来的这种新的合金铝锭,再放开,看它变形的程度,然后判断这种合金是否满足硬度、刚性和变形度之类的需求。这是一个非常耗费时间和成本的过程。现在我们可以借用一些计算的方法,来做一些自动设计,用计算机仿真替代一部分实验室中进行的真实实验,选出一些可能满足硬度、刚性和变形度等需求的合金的原料配比,再真正地进入实验室里做这些合金的合成实验及测试。这样需要合成的配比方案少了,成本自然也降低了。这就是一个计算机科学和材料科学交叉的研究案例。仿真实验的实现需要求解描述了材料特性的微分方程组。材料科学家可以写出微分方程组,其中包括一些真正刻画了这个材料特性的未知参数。我们可以基于已有的真实实验数据,以最小化方程等号左右两边的差值为目标,通过演化算法优化求解参数值,优化后的数值被用于真实的实验测试,并达到了令人意想不到的高性能。演化算法非常适用于这种复杂非可导问题的参数优化求解[5]。

2. 动态优化

另一个例子是动态优化。前面通过蚁群行为介绍优化求解最短路径的时候,已经提到过动态问题的特性。[6]是我们曾经在英国做过的一个项目,解决的问题非常具体。冬天路面会结冰,十分危险,需要在路面撒盐防止结冰。按规定在气温低于某给定阈值(如2摄氏度)时,必须在给定时间内把整个郡(类似我国的县、市)里所有的A等路都撒一遍盐。这里隐含了一个类似运筹学中的问题,有一个车队装盐,需要指派每辆车的路径,使得一圈回来盐撒完了,这有一点像车辆路径优化问题,也许大家认为本科生可能就学过,会解决。这类问题中往往会考虑一辆车的最大容量,通常用字母Q来代替。我们需要解决的具体问题中可使用的车辆并不多,只有11辆,但是车的最大容量不同,从2吨半到9吨的都有,不同于我们经常研究的数学模型(假设所有车的最大容量相同)。除此之外,还有一个很重要的假设:传统的运筹学问题里考虑该车队有一个集散地(Depot),每辆车都需要从这个集散地出发,装满盐转一圈才回来。但我们考虑的这个问题有两个集散地,我们的问题中就多了几个决策问题:每辆车应该从哪个集散地出发?回到哪个集散地?盐不够用去哪个集散地取?另外,真实世界中往往存在不确定性,司机可能因为某种原因请假,车也可能发生故障,可能某日只有10辆车而不是11辆可供派遣。在这种情况下,算法需要重新计算、优化路径。另外,由于天气原因和具体的路况不同,车辆并非匀速行驶,甚至会遇到各种原因导致的封路(如交通事故),这样原先的交通图中的一条边就没有了。待优化求解问题可能会产生多种变化。此时,让算法重新进行计算就不是最佳的解决方案了,因为我们无法让行驶到一半、撒掉一半盐的卡车掉头回到集散地再重新指派,这是一个典型的动态问题。解决这类问题需要算法具有很强的自适应性,即在优化过程中,可以动态地、自适应地改变优化的策略,允许优化的目标改变。因此,我们当初使用的一个方法,就是基于演化算法思想的多目标算法,同时处理多个优化目标和多个约束条件。我们也基于北京和合肥的道路信息,做了面向大规模调度优化问题的研究[6]。

3. 多目标优化

多目标优化也是我个人现在研究的课题之一。目前现实生活中有很多想要极大化某些性能又想使用尽量少资源的场景,这两个目标是相互冲突的。我们关注如何在有限的资源下极大化某些性能,或者说,假如愿意牺牲1%的性能,可以节省多少资源?这些问题都是做多目标优化研究需要考虑的问题。一个跟软件工程关系比较密切的例子是软件测试资源分配[7]。在软件系统真正交付之前需要做一系列的软件测试,这个测试过程需要考虑成本控制和合理的资源分配。假如有10位软件测试工程师,而有几百万行的程序等待测试,就存在一个资源分配的问题。一个这么大的软件,一定由不同的模块构成,不同的软件模块出BUG的概率是不一样的。那么,如何把这10位工程师分派到不同的模块测试工作中,使得在有限的测试资源下极大化整个系统的可靠性?这也是个典型的优化过程,演化算法可以在此类问题中发挥它的作用。值得一提的是,我考虑多个目标优化出来的结果比只考虑单个目标优化出来的结果还要好[7]。

4. 演化神经网络

最后我想讲的科研方面的例子是演化神经网络。神经网络的结构往往是靠人手工设计的,而我们可以使用演化计算自动设计神经网络的结构[8]。2003年,Wilamowski等人设计了一个人工神经网络用于奇偶性问题(Parity-N problem)[9],即判断输入的N位二进制数中有奇数个1还是偶数个1。相当于构造一个神经网络用于判断一个二进制的奇偶性。这个问题和Wilamowski等人设计的网络现在看来都十分简单,但在当年还是比较难的。该奇偶性问题从函数的关系来说,是高度非线性的问题,想用一个函数去近似它是不容易的。[9]中作者手工设计出来的神经网络非常规整、漂亮、有结构性,而我们尝试用演化算法为这个问题搜索神经网络的结构和权值,优化搜索后得到的网络结构(图29)和人工设计的非常不同,其结构是不对称的,并且该神经网络特别紧凑,使用的神经元数量相对也比较少,还存在很多所谓的"飞线"(被我们称为Shortcut),飞线从一层跳过几层连接神经元。这个设计虽不符合人类设计的一般思想,但确实可以做奇偶性的判别。对一个9-Parity的问题,现在还没有哪个人能设计出来,比三个神经元更小的神经网络,这可是 20 世纪 90 年代的工作[8,10]。

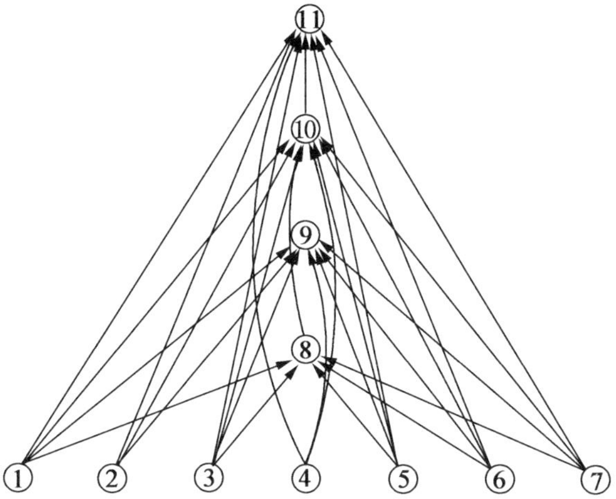

Fig.7.The best network evolved by EPNet for the seven-parity problem.

图 29　使用演化算法设计的神经网络[8]

5. 脑体一体化

演化算法还可以同时设计仿生机器人的“脑”和体态。大部分现有研究经常把机器人控制器和体态的设计分开,但二者是密不可分的。一个经典的工作是纯粹凭借计算机模拟设计一个人工线虫。人工线虫是一节一节的,只有两节是特殊的,一节是头,另外一节是尾巴,中间所有的节都是一模一样的。假设每一节都是一个圆筒形,圆筒边上布满了运动神经元,两个神经元之间有一个连接,用于控制人工线虫肌肉的收缩扩张。两个神经元没有连接的话,人工肌肉是无法动的。我们的研究问题是,如何设计出会快速游泳的线虫。假如从 A 游到 B,如何控制各个神经元,使得线虫从 A 游到 B 游得最快。

我们想知道神经元应该怎样分布才最优,并且在该收缩的时候收缩,该扩张的时候扩张,才能游泳最快。演化计算的思想可以用来确定神经元的分布。但是,该如何评价一个分布呢?也就是说,如何评价其适应度值呢?其实很简单,可以让使用这个神经元分布的线虫从 A 游到 B,看它游得多快。所以我们可以演化线虫,使其游得最快。我们用演化的方法产生一个神经网络,然后用这个神经网络来控制这个线虫,看它从 A 游到 B 有多快,然后再次演化产生新的神经网络。

这是一个很简单的演化过程。

那么体态对神经网络的影响是什么呢?我们做一个对比的实验。第一个实验中,我们对线虫本身的体态不加任何的限制,它可以在三维空间随便扭曲。第二个实验中,我们对这个线虫的体态做了一个限制,比如由于某种原因它的体态永远是非对称的弓形的,但是我们仍旧希望它从 A 到 B 游得越快越好。然后我们比较在这两种情况下,用演化的方法优化搜索出的神经网络会是什么样子的。假如两个实验获得的神经网络是一模一样的,那么控制网络跟体态应该是没有关系的;否则,获得的不同的神经网络或许可以给我们一些另外的启示。在第一个实验中,初始的神经网络是随机生成的,该网络控制下的线虫在模拟实验中会在三维空间里乱转,并不前进。演化到 1 200 代左右的时候,线虫游泳的姿态与鳗鱼或水蛇在水里游的姿态非常类似。同时,演化出来的神经元在线虫每一节圆筒上的分布是一个极其对称的分布。这些信息并非是在演化过程中人为添加进去的,而是演化出来的。因为演化过程中唯一的反馈信息就是这个线虫从 A 游到 B 的时间。由于时间越短越好,自然演化出来一个非常漂亮的对称性,使得线虫可以直线前进。在第二个实验中,使用同样的初始网络控制一只弓形的线虫游动。演化出来的神经网络并没有对称性,并且它不对称性缺的那个连接,正好补偿了体态弓的这部分。所以真正看模拟的时候,这只线虫游泳不是直行的,而是曲化地一点一点地往前游。这也是通过演化学习到的。

这个案例传递了一个很有用的信息,神经网络的载体形态设计需要和神经网络的设计相结合。神经网络可以补偿体态的不足或者说神经网络可以适应体态的特殊性。如设计机器鱼,不同的形状要求由不同的神经网络控制,把它们分开设计可能不会是最有效的方法。脑体需要互动,体态做不到的地方,神经网络可以做补偿。

以上讲到的几个演化计算的应用实例大都涉及了复杂的优化场景。“复杂”至少体现在三个方面:一是动态性;二是多目标性;三是各种各样的非线性约束。另外演化计算用得比较多的就是演化学习。如果大家真正对智能体感兴趣的话,可以考虑控制器和体态的协同演化设计,这是一个很有潜力的研究方向。希望大家今后遇到复杂的实际问题的时候,可以考虑尝试演化算法。

提问环节

【主持人】感谢姚教授。下面是互动环节,请有需要提问的观众举手示意。

【观众】首先感谢姚教授的分享,我想问演化计算如何与优化设计相关联。我是做产品开发这块的,有时候考虑产品的性能、品质、成本,还要考虑时间,怎么样用一个演化计算的模式,使这个决策变得更为科学,谢谢。

【姚新】设计还真是演化计算做得比较成功的几个领域之一。设计里面考虑比较多的有两个方面:一是设计过程中如何平衡各种有冲突的目标,因为工程设计里会有各种各样不同的目标,如您提到的性能、品质和成本,这就可以使用多目标演化算法。另外在研究领域里面,考虑比较多的是设计过程中一些不可量化的因素。比较早期的一个典型例子是联合利华要设计一个洗发液瓶子的形状,其中有一个要求是这个瓶子需要显得洗发水非常贵。但这类目标是不可量化的。对于演化计算来说,它的相对长处就体现出来了。因为演化算法的驱动不需要一个精确的数值,它只需要相对的比较。演化算法的一个有趣的小分支,就是演化艺术,可以用来做很多创意性的设计。由于算法的随机性,其生成的设计无论好看与否,都是不重复的。特别适合追求个性化设计的用户。演化计算用于设计领域还有非常大的研究潜力和机遇。

【观众】姚教授您好,我是来自哈工大深圳校区的一名学生,刚才听了您关于演化计算的介绍和一些应用,觉得演化计算和之前在机器学习领域中的一种方法非常类似,就是强化学习。请问演化计算和强化学习的区别在哪里?它们的应用又有什么具体的不同呢?谢谢老师。

【姚新】演化算法之所以跟强化学习有些类似性,跟我刚才提的一样,是做一件事(如动作、方案)会获得一个反馈信息,这个反馈信息指示做得好和坏,并不代表正确的答案。但是强化学习需要学习一个可以达到某明确价值或目标的最佳策略。这个价值的定义在演化算法里面是没有的,并且演化计算是基于种群的算法,这是很大的一个差别。演化计算直接优化行为而不是优化原则。

【观众】姚教授您好,我是南科大的大二学生。我不太了解演化计算,个人认为,演化计算因为要迭代,它的时间消耗是不是会很大?是不是因为这个时间成本,机器学习或深度学习就比较受欢迎,而我们的演化计算可能没有深度学习那样受欢迎?

【姚新】这里面有几个问题,第一个问题是演化算法是不是比较耗时,另外一个是关于其受欢迎的程度。演化算法的确需要通过大量迭代,费时。这是因为演化算法并不假设目标函数是可导的,也不假设目标函数是凸的。所以演化算法不用梯度信息,假定梯度信息的存在。这就是为什么演化计算应用的领域会非常广泛。但是相比之下,假如没有梯度信息,只能采用这种长时间的方法。提到深度学习,它需要定义一个损失函数,并求解这个损失函数的梯度。而且需要假定这个损失函数是凸的,这样才可能用梯度下降的办法来学习。

【观众】这种演化能不能给它一种诱导,比如说测试太多,我们可以对测试的数据进行一些优化,有些可以不去测试它,只是在一些更好的、可能性更大的地方进行测试。

【姚新】说得非常对,真正做研究的时候,很多工作都是在关注如何从已经采样过的那些点里面学习出来这个空间的形状和分布,一旦学习出这个空间的形状和分布,采样就是非常有目的性的,而不是漫天乱采。

【观众】但是这种采样不像机器学习那样,没有办法求它的梯度,所以没有像深度学习那样比较简单一些。

【姚新】那是当然,不给你梯度信息怎么走?不就没法走了吗?

【观众】这也是为什么现在 Evolutionary Computation(进化计算)不是太好的一个原因吗?他没有像深度学习那种,可以求梯度。

【姚新】不是,正好借这个机会讨论一下,在学习的领域经常将梯度下降法和演化算法相比较。但是提供梯度信息做优化,和不提供梯度信息相比,有梯度信息自然优化快,这是可预料的。在有梯度信息的时候我们应该首先考虑基于梯度下降的优化方法,在没有梯度信息可用的时候我们就应该考虑演化算法。我刚才提到的神经网络设计是由算法完成的。神经网络结构的空间不是一个连续空间,更谈不上梯度信息,所以对神经网络的设计或优化用演化算法是比较有优势的。如果我们用演化算法来优化神经网络结构,我觉得它的时间远远要比人工去优化神经网络结构快得多。

【观众】现在也有那种 Auto Machine Learning(自动机器学习),好像可以自己设计算法的,可能和演化计算有一些关系。

【姚新】对。

【观众】我先问这么多,谢谢。

【观众】谢谢老师,我是来自校外的,想问一下,我理解的演化它是一个过程,比如说刚才关于线虫的例子,它演化到了 1 000 多代的时候,游起来像鳗鱼,如果它演化到 1 万代的时候,是不是我们就可以根据这个来预测线虫什么时候到达一个什么样的状态?

【姚新】如果你假定游泳这个环境是固定的话,是可以预测的,如果它的环境也在变,就变得不可预测了。你提的这个场景,环境是在变的。

【观众】姚教授您好,我的专业就是生物学,我的问题是,您通过计算得到线虫的最佳神经网络,有没有检验过,与通过解剖得到的神经网络是否一致?

【姚新】那个还真没有,我做出来之后没有回到生物界去,所以这个跟我刚才一开场讲飞机设计的时候,想说明的有一点类似,我给大家讲飞机,鸟类飞机、固定翼飞机、喷气式飞机,实际上是想强调作为计算机科学家而言,我们是在自然界找灵感,而不是做生物模拟。我们总不会拿着喷气式飞机来解释鸟是怎么飞的,我没见过喷气式的鸟。同样的,我演化出来一个人工神经网络,但是我并没有去检验这个人工神经网络跟生物的网络是不是一样的,这都是没有做过的。但你是学生物的,可以把它变成一个猜想,猜想是不是所有生物界的这些线虫都应该有对称性,可以建模型来检验那个猜想。

【观众】老师您好,我是哈工大计算机系的学生,想问老师这么一个问题,就按线虫的例子,一开始很杂乱无章,第二步您想让它给点随机的扰动,真的像随机分布神经元的位置吗?那个随机是怎么样个随机?如果说生物会有遗传变异那些随机因素,如果是计算机中,应该怎么样实现?

【姚新】在这个实验中,我加了一个高斯噪声进去,高斯随机数。

【观众】老师,我又想到一个极端情况,利用线虫那个例子,假如有三种是特别棒的解,能让那个线虫游得特别快,其中有一个解,是按照您那个方式得到的,迭代到最后特别好,但是另外两个是特别偏的,如果我像走大路一样,可能用您那个方法就得到了第一个优解,但是另外两条是小路,特别难得到,很偏很偏,一开始效果很差很差,到最后慢慢才得到那个好的结果,会不会出现这种情况的解?这种解万一更好,又怎么得到呢?

【姚新】在实际中不会出现你讲的情况,前期都非常差,后期突然变得非常好。因为前期非常差的解会因为演化算法的选择原理被淘汰掉。

【观众】就是不会出现我假设的这种是吧?

【姚新】对。

【观众】好的,谢谢。

【观众】姚老师您好,我在用一些智能计算的优化方法求解带约束优化问题的时候,有一些等式和不等式的约束,想问一下这约束除了添加惩罚函数以外,有什么比较好的处理方式?

【姚新】讲到等式、不等式的时候,往往是把等式约束条件变成一个不等式约束条件,这是第一点。第二点,除了惩罚函数以外,另外一个比较常用的方法叫作修复法,你碰到一个不可行解,可以用一个映射的方法,把它映射到一个可行解,不同的修复方法就是讲具体如何做映射。

【观众】姚教授您好,我是来自校外的,不是很专业,想问一下演化算法设计神经网络的时候,不是通过计算来设计的吗?具体的耗时是什么样的?用什么样的显卡,计算多久才能设计出一个神经网络?第二个问题,你们设计出来的神经网络有没有跟经典的神经网络做对比,就是识别精度。

【姚新】第一个问题讲到耗时,这个是 1996 年的工作,那个时候我没有显卡,就是一个很简单的桌面机,真正实施的时间用了 2 ~3 个小时。

【观众】就是用 CPU 就可以是吧?

【姚新】就是用 CPU,因为那个神经网络,我给大家看了,相对来说还是比较小的一个神经网络,但是我一再强调,我那个神经网络,是连结构设计和权值计算出来的,不是人工设计结构再去找权值,是两项工作都一块儿做。

【观众】姚教授,我是校外的上班族,问一个可能不太专业的问题。比方说今天您讲的演化计算里面,相对于其他的计算方法,我们在讨论的时候,回到了刚才讲的演化计算的应用领域,我们做实际工作的时候会回到应用,从研究领域到应用领域,它里面差别在哪里?像工程上应用的时候,从计算量来讲,研究领域可能增加2%的计算量,具体到工程应用的时候,它的计算量是不是更难实现?可能需要更多的资金。

【姚新】从资金的角度来说,我的判断经历也不是太多,我做了很多工程上面的应用,是公司给资助的,那个应用算法时间是以天算的,倒不是因为算法本身的耗时,而是因为评价一个解的好坏比较耗时。比如给大家画一个机翼形状,做形状优化,你要算它空气阻力的话,是用CFD模拟做的,做一次CFD模拟可能需要两三个小时。评价解耗费的时间比较多,因此整个优化时间是以天算的。但是不使用演化算法的原本设计时间也是以天计算的,现在还是以天计算的,所以用演化算法解决问题的时候,在实际应用中的确要花费计算机的计算时间,但是没有耗费特别多的成本。这里提到的成本总是跟人力成本相比,因为这件事情要么让工程师来做,要么让演化算法来做,工程师用的时间跟演化算法的时间是差不多的,甚至更长。

【观众】现在您研究的领域,也就是演化算法,没有其他的领域那么流行吗?或者目前来讲,跟这个有关系吗?

【姚新】我觉得没有太多的关系。因为流行不流行有的时候不是因为科学的原因,还有一部分跟风的原因,也跟问题适应的领域、范围都有关系。每一个研究领域,或者每一种工具都有它适用的范围,不是放之四海皆准的东西。像深度学习,它可以解决一类问题,演化算法可以用于解决另外一类问题,实际上它们两个的应用领域不太一样,是互补的。

【观众】谢谢,今天您讲的演化算法,可能给我的启示更多的是一种思维方式。最后一个问题就是,姚教授,您所在的南科大,我在网上刚才也搜索了一下,好像你们在研究 Alpha Bus(阿尔法客车),核心技术跟您这个演化算法有关系吗?

【姚新】Alpha Bus 的调度跟演化算法有关系。

【观众】谢谢。

【观众】姚教授,我是做激光雷达芯片的,我们一直在关注自动驾驶这个领域,我是今天第一次听到演化算法,感觉用到自动驾驶领域,肯定很适合。所以我想你们是否在这方面有研究,怎样把演化算法导入自动驾驶这个方向的应用中去?谢谢。

【姚新】这个问题问得非常好。自动驾驶应用我们没有做过,但是研究方面我们的确做过移动机器人的路径规划,尤其是动态规划。假如说这个机器人要从这里走到背后,可以从左边走,可以从右边走,假如我算出来从左边走没有什么障碍,走一半之后有同学出来挡住,应该如何应对?我们做研究的时候也考虑过这样的问题,但是没有真正用到自动驾驶里面,或许这是未来一个不错的领域。

【观众】姚老师您好,我是来自华南理工大学的一个本科生,在做信号处理和深度学习方面的一些东西。我做深度学习方面东西的时候,至今还没有发现能做数学推理方法的一些网络,我今天也是第一次听说演化计算,就想问一下有没有可能演化计算会学会数学推理这方面的东西呢?

【姚新】用演化算法去学习数学推理的工作,我没有看到,但是我看到有用演化算法来设计一个规则系统,再用那个规则系统来做推理。也有见过用演化算法来生成一个数学定理的证明,但是直接用演化算法做推理的没有见过。

【观众】谢谢。

【主持人】感谢姚教授,我们再一次用掌声谢谢来自南方科技大学的姚教授,这也是南方科技大学第一位支援我们名家讲座的教授,我要为您送上大学城管理办公室的讲座纪念证。

参考文献

[1] HORNBY G S, GLOBUS A, LINDEN D S, et al. Automated antenna design with evolutionary algorithms[A]. American Institute of aeronautics and astronautics, 2006.

[2] WEISE T, PODLICH A, REINHARD K, et al. Evolutionary freight transportation planning[M]. BERLIN:SPRINGER, 2009.

[3] HOVESTADT L. Beyond the grid:architecture and information technology[M]. Autor:Ludger Hovestadt PublisherDE Gruyter Gmbh,Walter, 2009.

[4] ZYKOV V, MYTILINAIOS E, ADAMS B, et al. Self-reproducing machines [J]. Nature,2005, 435: 163-164 .

[5] Li B, LIN J, YAO X. A novel evolutionary algorithm for determining unified creep damage constitutive equations[J]. International journal of mechanical sciences,2002,44: 987-1002.

[6] TANG K, WANG J, LI X, et al. A scalable approach to capaci tated arc routing problems based on hierarchical decomposition[J]. IEEE transactions on cybernetics, 2017,47: 3928-3940 .

[7] WANG Z, TANG K, YAO X. Multi-objective approaches to optimal testing resource allocation in modular software systems[J]. IEEE transactions on reliability, 2010,59: 563-575.

[8] YAO X, LIU Y. A new evolutionary system for evolving artificial neural networks[J]. IEEE transactions on neural networks, 1997, 8: 694-713.

[9] WILAMOWSKI B, HUNTER D, MALINOWSKI A. Solving parity-N problems with feedforward neural networks[C]. Proceedings of IJCNN, 2003.

[10] YAO X. Evolving artificial neural networks[J]. Proceedings of the IEEE, 1999,87:1423-1447 .

探"显"之路
——信息显示技术的前世今生

主讲人:张盛东

讲座时间:2019 年 6 月 15 日

讲座地点:深圳大学城图书馆四楼 413 报告厅

主讲人简介

张盛东,北京大学信息科学技术学院教授。长期从事薄膜晶体管技术、集成电路技术、半导体显示和光电探测技术研究。已出版学术专著 1 部,发表学术论文 300 余篇,其中 JCR 一区论文 100 余篇。已获授权中外发明专利 150 余件(美国发明专利 26 件),部分专利技术已转让多个大型企业并产生了显著经济效益。

曾获国家科学技术发明二等奖、全国优秀博士论文奖、北京市科学技术一等奖、广东省科学技术二等奖、深圳市技术发明一等奖等科技奖项;曾获国务院政府特殊津贴专家、深圳市国家级领军人才以及深圳市政府特殊津贴专家等荣誉称号。曾担任北京大学信息工程学院(深圳)执行院长、北京大学 AM 显示技术中心副主任、深圳市 TFT 与先进显示重点实验室主任。

主要内容

本报告全面揭示了信息显示技术的演进历程和现状,涵盖了该技术的定义、主要技术分类、发展历史、当前发展动态以及中国在该领域的发展历程。从 1897 年 CRT 技术的诞生到 2009 年运用 AMOLED 技术的大规模生产,特别聚焦于 LCD

技术的发展历程，并详细介绍了当前显示技术的最新进展，如 8K 技术、LCD 与 OLED 之争、柔性显示技术等。同时，报告还总结了中国显示技术的现状，从 20 世纪 70 年代的奠基时期到 2009 年后的蓬勃发展阶段，以及新技术与国际接轨的发展进程。

随着科学的高速发展，信息显示技术已与我们的生活密不可分，大到电视、户外电子广告，小到手表、手机、电脑，我们眼前的显示屏从笨重的显像管显示发展到轻薄的平板显示，又从刚性显示发展到柔性显示，这一切是如何发生的？未来又该何去何从？今天的报告将从四个方面进行介绍：信息显示技术简介、显示技术发展史、显示技术发展动态及中国显示技术现状和展望。

一、信息显示技术简介

（一）信息的基本概念

科学家们对信息概念的定义不是很统一，早在 1948 年，信息领域泰斗级人物 Shannon 把信息定义为用于消除随机不确定性的东西，是物质的普遍属性；在同一年，Wiener 把信息定义成有序性的度量；1971 年 Eepr 定义信息是一种场；1975 年 Longo 定义信息是事物之间的差异；中国学者张学文认为信息不是物质，它是物质状态的映射；也有人定义信息是物质的普遍属性。简单地说，信息就是消息、信号、数据、情报、知识。应该说到目前为止对信息的概念很难有一个标准的定义。今天我们通过这样的一些描述，希望大家首先对信息的概念有一个基本的了解和认识。

（二）信息显示基本概念

说完信息的概念，我们再谈谈什么是信息显示。信息显示就是使得各种信息能让我们人类的眼睛可视，而信息显示技术就是为了将特定的信息向人们展示而使用的方法和手段。通常，显示技术是指采用电子技术手段产生信息的视觉效果。我们的周围通常有各种各样的信息，有电的、热的、光的、磁的等等，这些信息大部分我们是看不到的，我们需要把这些人眼通常看不见的信息转换成人眼的视觉可识别的亮度、颜色等，使眼睛产生信息的视觉效果，这样我们就能够看到这些信息了，这就是信息显示技术。

在当今信息时代，信息显示是人机交互的界面。显示技术是信息技术里面重要的一环,它包括信息的产生、获取、存储、显示、处理、传输。当今显示屏不仅用在手机、手表、电脑、电视、汽车等民用产品上,还广泛应用在仪器仪表、设备、交通、公共设施、娱乐设施等工业和商业产品上。可以说,显示器已经无处不在(图30),和我们的生活与工作密不可分,我们几乎每个人每天有非常多的时间都是在显示屏幕前度过的。

图30　显示器无处不在

(三)显示技术的分类

显示技术如何分类?传统的分类法是把显示技术分成CRT显示、平板显示。最近把新出现的一些新型技术归纳为新型显示技术。这个说法不能说完全没有道理,但总觉得太泛化了。比如OLED被看作新型显示,其实早在很多年之前液晶显示也是新型显示,我们今天认为过时的一些东西,在其刚出现时都被称为新的东西,所以"新型显示"这个用词不是非常专业。

我对显示技术有这样一个分类,供大家参考。显示技术本质上来源于电子技术,电子技术到目前为止大致经过了两个阶段:第一个阶段是真空电子技术,另一个是固体电子技术,而固体电子技术主要就是半导体技术。正是基于这两类电子技术,显示技术也相应发展成了两类技术:一类是真空显示技术,另一类是半导体显示技术。

早期的显示技术大致都归属到真空显示技术,例如,CRT(阴极射线管)、PDP(等离子体)、VFD(真空荧光)、FED(场发射)等技术。而之后出现的显示技术都可以归属到半导体显示技术,包括 AMLCD(有源矩阵液晶显示)、AMOLED(有源矩阵有机发光二极管显示)、AMQLED(有源矩阵量子点显示)、AMLED(有源矩阵无机二极管显示)、微显示等等。我认为这样一个分类从专业的角度考虑比较合理。

然而,随着科学技术的持续发展,当有更多新的技术涌现的时候,显示技术的分类也将会随着技术革新和变化而改变。

(四)代表性的显示技术

过去几十年代表性的显示技术有几种(图 31):(1)CRT;(2)PDP;(3)LCD(液晶显示);(4)OLED(有机发光二极管显示);等等。前面两种被我们归为真空显示技术,这两种技术现在已经过时了,没想到这么快就已经成为历史。后面两类被我们归类为半导体显示技术,是目前的主流技术。

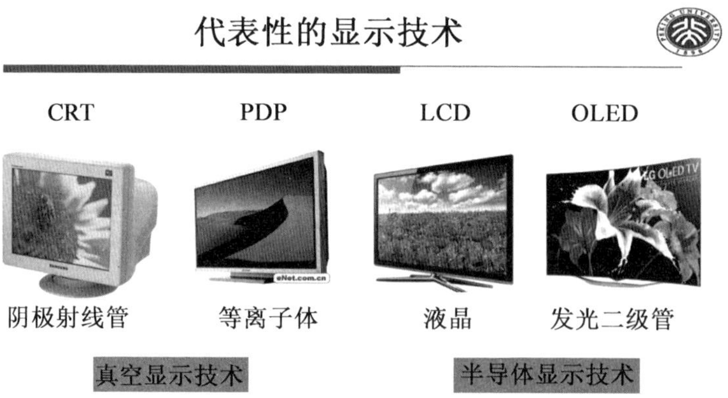

图 31　代表性的显示技术

1. 真空显示技术

真空显示技术是在高真空腔体中赋能电子轰击荧光粉发光,或低真空腔体中赋能电子电离气体分子产生紫外光激发荧光粉发光。也可以理解为在真空状态下利用电子的各种行为,使得这里面的荧光粉或者气体发光,发光以后就可以显示,让我们看到图像。真空显示典型的有 CRT、PDP、VFD、FED。其中 VFD、FED 这两种技术没有形成成熟的技术产品就被新的技术取代。

(1)真空显示技术——CRT

最早的电子显示是 CRT 技术,即阴极射线管。如图 32 所示,其原理为通过加热阴极产生电子,并在电场作用下加速电子束,轰击屏幕上的荧光粉使之受激发光而实现显示。采用三基色红绿蓝(RGB)的荧光粉即可实现彩色显示。

真空显示技术——CRT

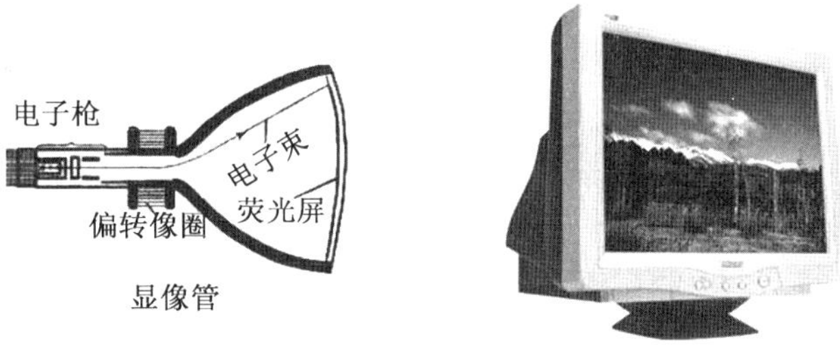

图 32　真空显示技术——CRT

(2)真空显示技术——PDP

PDP 也是一种真空显示技术,是一种利用气体放电的显示技术,其工作原理与日光灯很相似。显示屏幕为一平板型的真空腔,其内部由微小的发光腔体组成,每一个发光腔内壁涂有可发三基色红绿蓝(RGB)光的荧光粉。真空腔中充有一定低气压的惰性气体,在高电压下,气体分子电离产生紫外线,激发腔体内壁的荧光粉发光,从而实现显示。PDP 技术对平板显示技术的贡献巨大,在 20 世纪 80 至 90 年代就让我们欣赏到了大屏幕的平板电视的魅力。

2. 半导体显示技术

半导体显示是通过采用半导体技术(材料、器件、工艺和电路)实现电子信息显示的统称。它有三个基本特征:①有源阵列显示(AMD)方式,每一个像素均由半导体电路驱动;②像素的发光和驱动器件为半导体器件;③制造技术采用半导体工艺技术。

半导体显示技术常见种类有 AMLCD、AMOLED、AMQLED、AMMicroLED(微缩发光二极管显示)等。

(1)AMLCD

我们先了解什么是液晶?它是从英语 liquid crystal 翻译过来,直译即为液态的晶体,故翻译成"液晶"。液晶是一种非常神奇的材料。我们知道晶体一般来说都是固体,但自然界就存在这样一些高分子材料,是液态的,但又呈现晶体的特征。因为组成这种材料的分子是长棒状的,是有序地排列的,故虽然是液态的,但也具有类似晶体的电学特性、光学特性。液晶显示 LCD 的原理如图 33 所示,是在两片平行的玻璃基板当中放置液晶,下基板玻璃上设置 TFT(薄膜晶体管)阵列,上基板玻璃上设置彩色滤光片,通过 TFT 上的信号与电压改变来控制液晶分子的转动角度,从而控制每个像素点出射光的亮度,实现图像显示的功能。

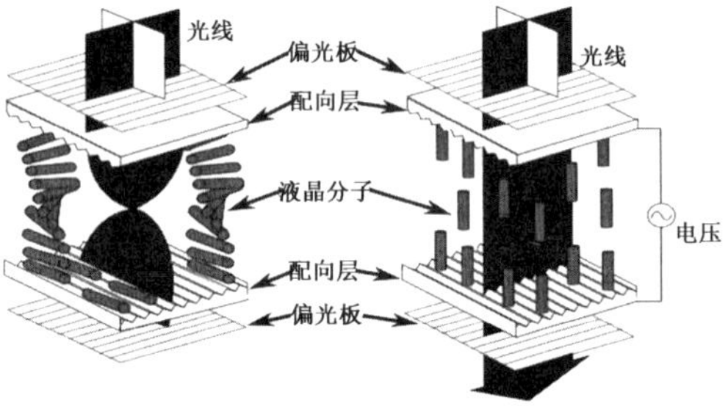

图 33　液晶显示原理示意

AMLCD 也已经有了长时间的技术积累,20 世纪 90 年代开始被广泛应用在轻薄型的显示产品上,现在 TFT-LCD 的技术已经非常成熟,成为当今显示技术的主流(图 34)。

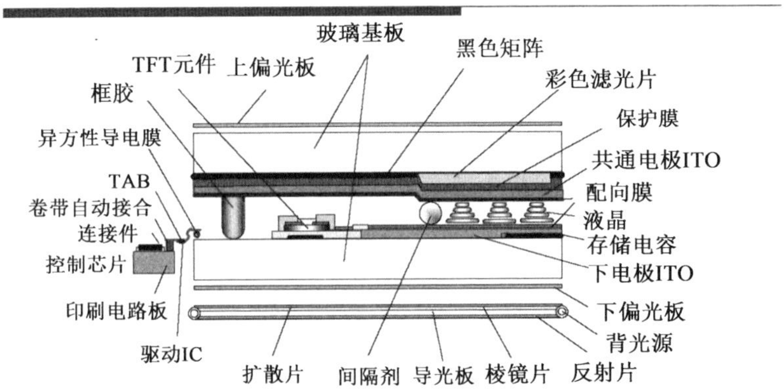

图 34　TFT-LCD 的面板构造

(2)AMOLED

在半导体显示里面另外一个重要的技术就是 AMOLED,它也是有源矩阵显示方式,每个像素点都是由像素驱动电路加一个发光元件。这与 LCD 不一样。LCD 本身不发光,是对背光源的光进行调控,即每个像素就像照相机的快门,对来自背光源的入射光亮度进行调控。而 AMOLED 本身就有一个发光元件,这个发光元件就是 OLED。像素的驱动电路就由 TFT 构成。

图 35 是 AMOLED 像素单元的简单示意图,OLED 是否发光,发多少光,由这个像素电路控制或者驱动,数量众多的结构一样的像素单元组成一个显示阵列,最后显示一幅图像。AMOLED 近几年发展速度很快,受到大家广泛关注,在手机等小尺寸产品上发展特别迅速,已经形成大规模量产。AMOLED 和液晶比起来有以下非常明显的优势。

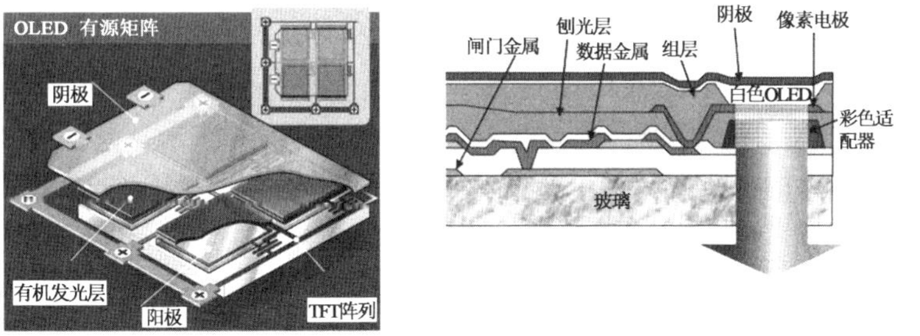

图 35 AMOLED 像素单元的简单示意图

①对比度高。液晶显示的对比度通常是偏低的,偏低是因为它是一种被动发光的显示,背面一直有一个点亮的背光源。如果屏幕要显示很黑的状态,但背面的光源一直亮着的,就很难显示全黑状态,因此造成对比度较低。对 OLED 而言,就不会有这个问题,因为它是自发光,关掉了就是全黑的状态,所以对比度可以非常高。

②色彩逼真。因为它是主动发光的,可以精确调控三基色的 OLED 发光谱线,使得再现的颜色不容易失真。LCD 的光源来源单一,通常很难纯正,再通过滤色器等一系列的过程之后,图像就没有那么逼真了。不过,随着量子点发光技术的出现,LCD 的这一短板可以得到补齐。

③宽视角。AMOLED是主动发光型显示,不存在视角的问题。我们知道早年LCD最大的一个问题是视角问题,例如我们使用笔记本电脑时,我们只能正对着屏幕,稍微偏一点,看到的图像就失真了。对个人电脑而言,这是可容忍的,但对电视这种多人使用的产品而言,这个视角问题就是致命的缺陷了,这是当年大家不看好LCD的一个主要原因,认为LCD只能用于小尺寸显示。当然后来这个难题最终被攻克了,使得LCD可覆盖大中小尺寸的显示,这样就把CRT、PDP都打败了。现在AMOLED兴起,两强相遇,鹿死谁手,目前难有定论。

④轻薄。AMOLED显示屏比LCD显示屏薄。LCD显示屏包含了背光源、彩色滤光片、背光模块和液晶材料。AMOLED因其自发光体原理,则不需要这些部件,所以可以做到轻薄。

⑤响应速度快。画面如果显示一个打高尔夫球的场面,球飞出去速度很快,在LCD的情况下就有可能看到重影。这是因为液晶分子自身的响应速度是比较慢的,早期液晶材料的响应时间是几十个毫秒,现在已经进步到几个毫秒,但是OLED没有这样的问题,它的电光响应是随时的,这个响应可能都是微秒量级的,甚至是纳秒量级的。

⑥成本较低。因为它的组件、构件比LCD会少很多,当然这个是理论上的说法,目前市场上AMOLED的产品还是很贵,很贵的原因是成品率很低,这个技术还没有完全掌握,还在研发当中。

AMOLED一个非常成功的应用就是使用在高端手机上,AMOLED与多数手机使用的传统液晶显示器相比,具有更宽的视角、更优的画质和更薄的尺寸,有望成为手机显示屏的主流(图36)。

图36　AMOLED在高端手机上的成功应用

(3)LED 显示

LED 是发光二极管的英文简称，其显示是通过独立控制每个 LED 的亮度来实现的。在 OLED 之前其实 LED 显示已经出现了很多年，在 20 世纪 90 年代前后就已经出现了这种用一颗一颗 LED 拼起来的显示技术，现在 LED 显示技术已经非常先进和成熟了。我们可以在很多公共场所和户外看到这样的显示屏，如在机场、车站、高速公路、会议报告厅等场合。同时，LED 对 LCD 发展也有很大贡献。LCD 早期背光是用像灯管一样的冷阴极发光的 CCF 管完成的，但后来用 LED 做背光源以后，画质有了很大的提高。很多年之前我们经常在市场上看到卖 LED 电视，其实这是一种误解，这种电视还是属于液晶电视，只是背光采用了 LED。

(4)电泳显示

除了以上几种显示技术，还有一种称之为电泳显示技术，从字面上我们大概能够理解它的工作原理——电荷游泳。在两个玻璃之间封装电子墨水，电子墨水包含一个个微胶囊，其携带正和负电荷，如图 37 所示，比如带正电荷的是白色的，带负电荷的是黑色的，在电场作用下，带正负电荷的小球各自分别运动(游动)到不同侧，呈现黑白显示效果。彩色显示的原理与 LCD 差不多，增加彩色膜就能实现，可目前这种彩色显示用得非常少，主要还是黑白技术比较成熟。黑白显示主要应用于电子书。这种技术也需要有 TFT 来驱动，所以我们把这种电泳技术也归类为半导体显示领域。

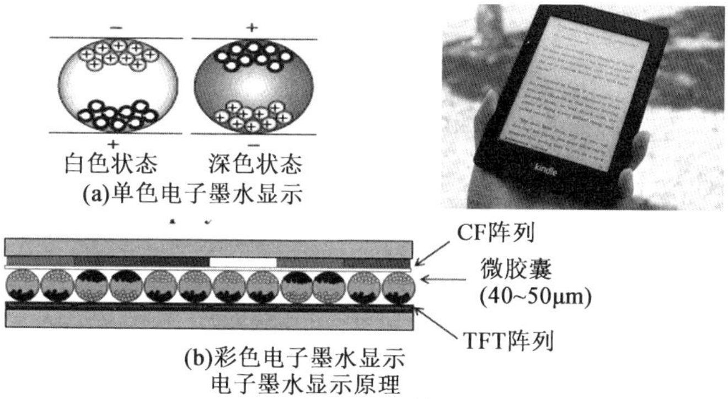

图 37　电泳显示原理

二、显示技术发展史

以上已经把目前具有代表性的一些显示技术和显示器做了一个比较具体的介绍,接下来我们谈一谈整个显示技术是如何一步一步发展到今天的。大致的过程就是从 CRT 到 PDP,从 PDP 到 LCD,从 LCD 到 LED。

(一)CRT 显示发展简史

CRT 技术是在 100 多年前由一位德国的科学家布来恩发明的。CRT 技术是显示技术的“开山鼻祖”,曾统治全球显示界上百年之久,“大脑袋 + 玻璃屏幕”是其标志性的特征。CRT 显示技术在 1897 年被提出,1939 年世界上第一台真正意义上的电视机诞生。我国的电视行业起步相对较晚,1958 年 3 月 17 日,是我国第一台黑白电视机的“生日”,1970 年 12 月,我国第一台彩色电视机诞生。

CRT 显示技术具有对比度高、色彩明亮、价格低廉等优势,同时也有着清晰度较低、体积巨大、辐射强、屏幕易碎等劣势,并且很难做到大屏化和轻薄化。

中国在 CRT 显示屏生产上曾经居世界第一。在 20 世纪 90 年代,韩国、日本在其技术领先的态势下,预感平板显示技术将迎来大发展,把 CRT 显示屏工厂纷纷外移中国,催生了中国一大批像彩虹、赛格等大型中国 CRT 显像管企业。但这些企业在平板显示技术量产之后,均遭遇巨大困难,纷纷关闭了 CRT 显像管的生产,CRT 显示技术也随之退出历史舞台。

(二)PDP 显示发展简史

PDP 技术是 20 世纪 60 年代由美国一位教授提出来的,但做成产品,经过了快 30 年的时间。到 20 世纪 90 年代 PDP 电视开始出现,但是很遗憾,这种技术的寿命非常短。从 1997 年大尺寸的 PDP 电视开始上市,到其退出市场只有不到 10 年时间,很多人对其很不理解。但是对从事半导体行业的人来说,它输给 LCD 完全是正常的,因为它毕竟是一个真空技术,后面出现的 LCD、OLED 都是半导体技术,真空技术肯定是要输给半导体技术的,这是技术发展规律。20 世纪 90 年代 LCD 和 PDP 这两种技术竞争的时候,大家一致的看法是 LCD 只能做中小尺寸的产品,做大尺寸的只能是 PDP,为什么呢? 因为 LCD 有一个致命的视角问题,而 PDP 没有这样的问题。但 LCD 视角问题最终被巧妙地解决了。现在我们看到的液晶电视没有了视角问题。当液晶显示的这个视角问题被解决之后,PDP 这种技术就没有存在的价值了。

液晶取代了 PDP,除了液晶显示解决了视角问题外,PDP 这种技术本身也有很多问题,首先是它不够亮,发光效率比较低,驱动电压也很高,它对驱动电路、驱动芯片都要求高压,而且价格昂贵。这些原因也加速了 PDP 退出历史舞台的步伐,到了 2010 年市场上就很少有 PDP 产品了,到 2015 年全世界最后一家来自日本的 PDP 工厂关闭,宣告了 PDP 时代的结束。

(三)液晶显示的发展历史

现在主流的显示技术是液晶显示,这得益于液晶这种神奇的材料,它是由一位奥地利的植物学家在 1888 年发现的。从材料的发现到最终用于显示经过了一段漫长的岁月。1968 年美国 RCA 公司演示了用液晶的动态散射效应来实现显示,从此开启了液晶显示时代。1971 年发明了 TN 模式显示,被用于计算器、电子表,以及仪器仪表上的小尺寸的黑白显示器;1972 年日本制成了世界上第一块无缺陷的显示屏,Sharp 和 Epson 公司生产了液晶显示的电子表和计算器,实现了 LCD 的工业化生产。1991 年基于薄膜晶体管(TFT)的有源矩阵液晶显示在日本开始量产,这一年称之为 TFT-LCD 元年, 同一年,法国一位研究液晶的物理学家获得了诺贝尔奖。之后日本的 TFT-LCD 开始进入到规模化量产,开发了第 1 代、第 2 代、第 3 代线,生产线的规模不断扩大(图 38)。

液晶显示的生产技术的发展趋势是母板的尺寸越来越大,每几年就按照一个系数进行增长。中国是在 20 世纪 90 年代后期开始大力建设生产线进入液晶显示行业。

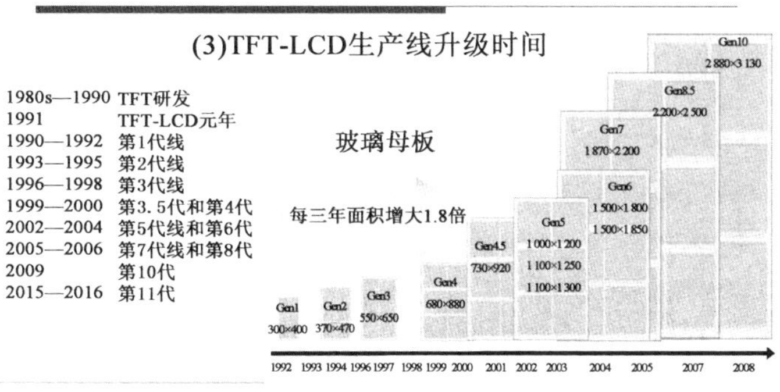

图 38　TFT-LCD 生产线升级时间

经过 30 多年的发展,液晶显示成为行业的"霸主",之前的 CRT、PDP、FED 都被淘汰。然而,更新的显示技术也开始纷纷涌现,其中 AMOLED 这种新技术的出现,成为液晶显示技术最大的竞争对手。液晶显示之所以能快速发展并保持旺盛的生命力,主要原因之一是其制造技术是基于半导体集成电路的工艺基础之上,同时本身又具有低电压、微功耗、长寿命、轻、薄、无辐射、多系统集成的优势。

纵观液晶显示的发展历史,世界各国的策略都不一样。液晶显示发源于美国,兴起于日本,发展于韩国。其中重大发明和原创专利基本来自美国和欧洲,包括法国、英国、俄罗斯、德国、瑞士。对液晶显示制造技术发展贡献最大的是日本,20 世纪的后几十年,制造技术在日本变得越来越成熟,生产规模也越来越大。那个时期,日本被称为液晶王国,在 1972—1998 年日本占据全球液晶显示行业的四分之一,几乎处于垄断地位。但进入 21 世纪,日本的液晶显示行业相继被韩国和中国超越。韩国自 1995 年起每两年建一代 TFT-LCD 工厂,三星和 LG 轮流“做庄”,全方位发展平板显示(LCD、PDP、OLED)产业,经过近 20 年的努力,做到了全球市场份额第一。1998 年开始中国台湾突发式发展,建造 6 条 3 代和 3.5 代 TFT-LCD 生产线,自 2002 年建造 4.5 代、5 代、6 代、7.5 代、8.5 代线,集中精力发展 TFT-LCD。2010 年开始,中国大陆的液晶显示产业发展迅猛,到 2019 年中国大陆的产量已成为全球第一。日本、韩国和中国的台湾地区开始缩减液晶面板的产能,或甚至计划放弃面板的制造。

(四) AMOLED 显示的发展历史

AMOLED 被认为将成为新一代显示的主流技术。1979 年华人科学家邓青云先生在美国柯达公司实验室发现了低压下有机半导体发光的现象;1997—2001 年是 OLED 大规模研发的阶段。在这时期 OLED 开始逐渐走出实验室开始应用,主要应用于汽车音响面板、PDA 及手机等方面。但产品数量很有限,产品规格也少,均为无源驱动,单色或局部彩色显示,很大程度上带有试验和试销性质。2001 年 OLED 的全球销售额仅约为 1.5 亿美元。

2002—2005 年,OLED 进入成长阶段。在这段时期人们开始逐渐接触到更多带有 OLED 的产品,例如车载显示器、PDA、手机、数码相机、DC、头戴显示器等。但主要以 10 寸以下的小面板为主,10 寸以上的面板比较少见。

2005 年以后,OLED 产业开始走向一个成熟化的阶段。2009 年各大厂商开始将重心转向 AMOLED,致使 AMOLED 产值首度超越 PMOLED。2013 年 LGD、SMD 先后推出 55 英寸 OLED 电视。2017 年苹果十周年纪念手机 iPhoneX 采用了

AMOLED 屏幕。

就目前的行业状况来看,AMOLED 目前已经度过了成长期,近年来 AMOLED 在电子产品领域的应用,正在逐渐进入普及阶段。

(五)显示技术发展的几个重要里程碑

显示技术发展有这么几个重要阶段(图 39):1897 年发明 CRT,拉开信息显示技术的序幕;1960 年出现了第一台彩色电视机,标志着真正的显示技术的实现;1991 年建设了第一条 TFT-LCD 生产线,标志着显示进入平板显示时代;2009 年 AMOLED 开始量产,标志着显示技术开始全面进入半导体显示时代; 2015 年柔性 AMOLED 显示器开始量产,标志着显示技术从刚性显示发展到了柔性显示。这些都是显示技术发展史上的里程碑。

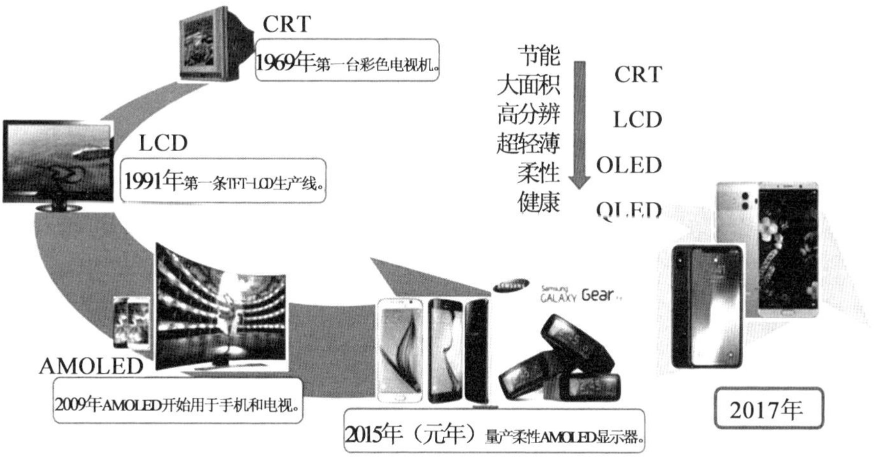

图 39　现代显示技术的重要阶段

三、显示技术发展动态

随着科技的不断进步,信息显示技术的发展日新月异。8K 超高清、3D、微显示、柔性显示、虚拟现实等技术成为行业关注的热点。同时,显示器件也正向高密度、高分辨率、节能、高亮度、高画质、大屏幕等方向发展。

(一)8K 技术

近年来 8K 显示一直是显示行业关注的热点,特别是随着华为宣布 5G 技术趋于成熟之后,8K 技术更是引起行业的热点讨论。8K 是什么意思呢? 8K 是指屏幕的显示分辨率达到 7 680 ×4 320。我们知道,传统上我们所谓的高清是 1K(1 366 ×768),全高清为 2K(1 920 ×1 080),超高清为 4K(3 840 ×2 160)。也就是说,8K 分辨率是目前普及的全高清的 16 倍,超高清的 4 倍。虽然目前很多家庭购买了超高清的 4K 电视机,但基本上没有太多的 4K 节目可以看。现在 8K 市场上还没有真正的成熟产品,各大公司都有一些样机,不仅仅是有 LCD 的样机,也有 OLED 的样机。2018 年南京的中电熊猫展示了 8K 的样机,2018 年 LG 展示了 8K OLED TV 样机。这些样机和现有的 4K 产品相比在画面清晰度上有明显的提升。

(二)LCD 与 OLED 之争

近年来,关于 OLED 显示能否取代 LCD 显示成为下一代主流显示技术的争论甚嚣尘上,然而,至今还没有定论。TFT-LCD 经历了近 40 年的研发和量产经历,具有成熟的产业链,制造成本在逐渐下降,而产品的性能也在不断提升。而 OLED 的历史还比较短,它于 2009 年左右开始量产。然而,以三星、LG 为代表的韩国厂商正全面推进 AMOLED 技术和产业的发展,三星的重点在小尺寸的手机屏用 AMOLED 上进行布局,目前在高端手机显示屏的供给上处于垄断地位,不过,中国大陆最近几年在手机用 AMOLED 屏的制造上投入了巨资,希望能与韩国一争高下。LG 的重点是积极推动大尺寸 AMOLED 电视屏幕的产业化,目前在 AMOLED 电视的面板方面成为全球唯一的一家供应商。可以看出,目前 AMOLED 显示屏风头正劲,相比于 AMLCD,AMOLED 具有对比度更高、色域更宽、功耗更低、更轻薄、可视角更宽、响应速度更快、户外可读性更强等优点。

然而,AMOLED 显示技术并不是完美无缺的,如,RGB 像素寿命周期不同,因此,随着使用时间的增加,可能会出现色彩漂移的情况,而 LCD 则没有这样的问题。虽然,AMOLED 在中小尺寸的手机、手表等领域有了一席之地,但在大尺寸的平板电脑和电视等领域的应用上仍然存在技术难题。这是因为,OLED 是电流型器件,流过 OLED 的电流大小决定了亮度。然而,由于其驱动器件(TFT)及发光器件 OLED 在长时间的电应力下会存在漂移或空间的不匹配,导致在不同的时刻或不同的位置,相同的数据电压下,流过 OLED 的电流不同,这将会导致显示不均匀,甚至产生显示错误。对于中小尺寸的 AMOLED 显示,目前三星和 Sharp 采用的是像素内补偿的方案,这样可以保证在 TFT 和 OLED 的电特性发生变化时,流过 OLED 的电流仍然可以几乎保持不变。然而,由于受驱动速度及大面积面板中 TFT 及 OLED 电特性在时间或空间的不均匀度会增加的影响,这种像素内补偿方案在大尺寸 AMOLED 显示中的补偿效果却不理想。目前,LG 公司开发出了针对大尺寸 AMOLED 显示进行外围补偿的方案,也实现了 AMOLED 电视面板的量产,但良率偏低一直难以解决,导致制造成本过高,产品价格居高不下,市场的接受度不高。

不过 LCD 这种技术有很强大的韧性,这些年技术上也有很多的突破,比如说采用新的背光源,把画质大幅度地改善和提升;再比如,用动态背光的技术,把功耗降低到与 OLED 相接近。所以,现在大尺寸还是 LCD 明显占优,因为大尺寸 LCD 的制造技术非常成熟,而 AMOLED 大尺寸的制造技术还没有获得成熟的方案,比较下来 LCD 在大尺寸方面就比较占优势。

目前 AMLCD 和 AMOLED 各有优缺点,随着 LCD 技术的不断优化及 AMOLED 技术的不断完善,两者会在较长时间共存。总体说来,在高端手机应用上,AMOLED 屏幕在功耗、厚度及显示效果上的优势正逐步凸显,并且成本也在逐渐下降,因此更有可能成为手机显示屏幕的未来。而在大尺寸显示方面,LCD 在今后一段时间仍然占据统治地位。AMOLED 是否会最终全面取代 AMLCD 仍有待商榷,也需要经过市场的重重考验。还有一种可能,出现了更新更先进的技术,LCD 与 OLED 还没有分出胜负的时候,另外一种新的技术已经把它们打败。

(三)柔性显示进入快速成长期

柔性显示是指由柔软材料制成的可变形、可弯曲的显示装置。目前的主流是柔性 OLED,另外柔性 LCD 也在研发中,但 LCD 在柔性显示上存在先天的不足,估计很难与 OLED 竞争,这也是很多人更加看好 OLED 的一个重要原因。作为新型显示技术的一种,柔性 OLED 是指制造在柔性基底上 OLED,其结构和发光原理与普通玻璃衬底的 OLED 器件相似。目前比较成熟的做法是在玻璃衬底上先制作一层柔性薄膜材料(一般为聚酰亚胺 PI 膜),然后在 PI 上制造 AMOLED,最后采用激光的方法把 PI 连同制造的 AMOLED 从玻璃上剥离下来,再黏附到特定的柔性基底上。

柔性显示有大概四个发展阶段:第一代 OLED 硬屏;第二代 OLED 曲屏,用于

Galaxy S7 Edge 等;第三代 OLED 可折叠屏;第四代 OLED 可卷曲屏。真正的柔性是从第三代开始,屏幕可以完全折叠。最近几年,三星、苹果新款的手机也都采用了 OLED 柔性屏,但是手机还不是柔性手机,还是沿用了普通的刚性手机。真正的柔性显示屏幕是可卷、可折叠的。柔性是 OLED 的强项,LCD 在这一点上没有办法与之抗衡。

柔性显示未来会如何发展呢?OLED 显示将凭借自身具有高亮度、高对比度、高清晰度、宽视角、宽色域等来实现高品质图像,又具备超薄、超轻、低功耗、宽温度特性等来满足便携式设备的轻便、省电、适于户外操作的需求;而自发光、发光效率高、反应时间短、透明、柔性等更是 OLED 显示独具的特点。因而,柔性显示将来可能成为终端设备的理想选项,柔性显示技术也许会迎来新的增长机遇期,柔性 AMOLED 具有巨大的市场前景(图 40)。

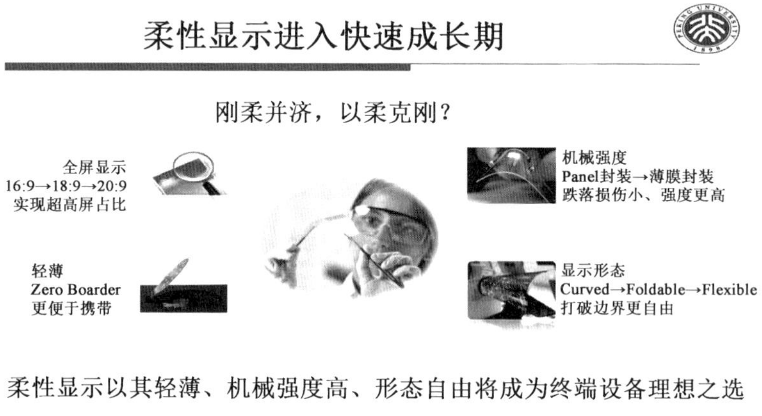

图 40　柔性显示进入快速成长期

(四)谁是下一代的主流显示技术

下一代的主流技术可能是什么样的呢?从这几年显示技术的发展趋势来看,半导体显示技术将不断升级,全球显示技术呈现以液晶显示、柔性 AMOLED 显示为主体,量子点(Quantum Dots,QD)、Mirco-LED 等显示技术快速发展的局面。量子点、Mirco-LED 这两种显示技术被人称为未来的搅局者,将有机会战胜 LCD 和 OLED。

1. 量子点技术

量子点是人类有史以来发现的最优秀的发光材料(图41)。作为一种纳米材料,其晶粒直径在2纳米~10纳米之间。量子点受到电或光的刺激会根据量子点的直径大小,发出各种不同颜色的单色光。可以借助量子点发出非常纯正的高质量的三基色光。量子点显示技术的色域则可以达到NTSC的110%,也就是NTSC色域的1.1倍(OLED在85%~100%之间)。因此它拥有甚至比OLED更宽的色域,色域扩大的效果是在终端显示拥有更靓丽的色彩表现。其次,量子点技术拥有更精准的色彩控制。量子点在蓝色光源的照射下会发出非常纯正的高质量红/绿单色光,这样红绿蓝三基色都非常纯净,可以组合成更丰富、更纯正的各种颜色。利用这个特性,液晶电视和显示器厂商把量子点光源作为背光源,它是通过用蓝色LED照射量子点,产生高纯的三基色光,大幅提升了色域表现,让色彩更加鲜明,从而使得液晶显示的画质可以与OLED显示媲美。

此外,量子点可以在更低的电压下工作,因此还可以降低显示器的能耗,而且由于量子点电视使用的无机材料不易被氧化,因此其寿命比OLED多出两万小时。所以量子点显示技术很可能会成为未来的显示王者。

不过我们也应该看到,作为一项新的技术,量子点的普及目前仍然面临诸多困难。采用量子点背光源,即便色域更广,液晶显示屏的一些顽疾仍然存在,比如说色彩均匀度、对比度等,与OLED还是无法比拟。若用量子点做自主发光的显示,让它代替OLED,这样的显示技术可能有更好的前景。

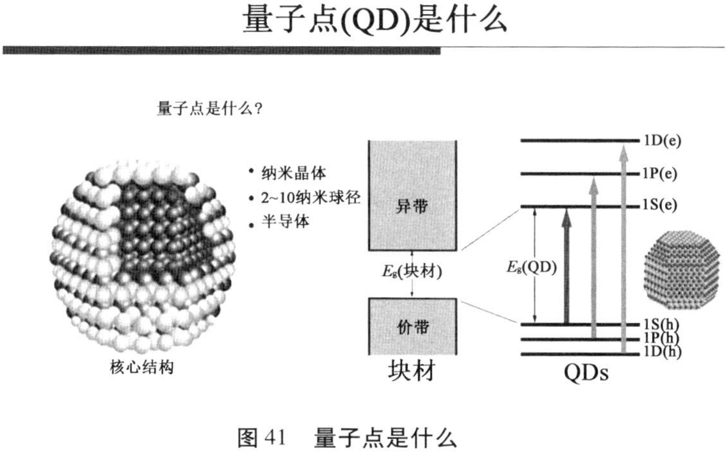

图41　量子点是什么

2. Micro-LED 技术

Micro-LED 技术即 LED 微缩化和矩阵化技术,指的是在一个芯片上集成的高密度微小尺寸的 LED 阵列,如 LED 显示屏每一个像素可定址、单独驱动点亮,可看成户外 LED 显示屏的微缩版,将像素点距离从毫米级降低至微米级。

Micro-LED 优点非常明显,它继承了无机 LED 的高效率、高亮度、高可靠度及响应时间快等特点,还具有节能、结构简单、体积小、薄型等优势。除此之外,Micro-LED 还有一大优势就是可以实现超高分辨率显示。相比于 OLED,其色彩更容易准确调试,有更长的发光寿命和更高的亮度以及具有较佳的材料稳定性、寿命长、无残影等优点。然而,Micro-LED 的核心技术是纳米级 LED 的巨量转移技术,而不是制作 LED 这个技术本身。由于晶格匹配的原因,LED 器件必须先在蓝宝石类的基板上通过分子束外延生长出来。而做成显示器,必须把微 LED 器件巨量转移到显示器基板上。这是现在 Micro-LED 显示在技术上很大的问题。

2017 年 5 月,Apple 公司率先在其新一代 AppleWatch 上搭载 microLED。2018 年 2 月,三星在 CES2018 上推出了 TheWallMicroLED 电视。因为成本太高,Micro-LED 电视现在还很难普及。若这种技术取得突破,那 LCD 和 OLED 就有可能会受到很大冲击。

(五)小结

长久以来,“缺芯(片)少(显示)屏”一直是制约我国信息产业发展的两个瓶颈。这两个行业是中国过去 20 年一直重点发展的信息产业,但现状却是喜忧参半。进入 21 世纪,伴随着信息技术的高速发展,作为信息技术重要一环的显示技术的进步速度也是异乎寻常的。显示技术的发展深刻改变了我们的工作和生活方式。今天,我们的工作和生活已经离不开各种显示屏幕了。我们眼前的显示屏,从笨重的显像管显示,发展到轻薄的平板显示,又从刚性显示发展到柔性显示。目前显示技术发展归纳为三个关键词:刚柔并济、以柔克刚、芯屏契合。

四、中国显示技术的现状和展望

中国的显示技术发展可以概括为六个阶段:CRT 曾经世界第一,PDP 也曾风光一时,低档 LCD 也曾经世界第一,TFT-液晶显示(AM-LCD)起步比较晚,AM-

OLED 奋力赶超，新技术与国际同步。在后 CRT 时代，曾经排名世界第一，海外的市场都转移到了中国。PDP 时期国内也跟进国际大形势，建设了 PDP 的工厂。在低档 LCD(PM-LCD)方面，从 20 世纪 90 年代发展到今天，中国一直是世界第一，因为全世界其他地方都不再做了。低档 LCD 的企业 95% 以上都聚集在深圳。在 TFT-LCD 领域，国内起步还是比较晚，因为在 20 世纪 90 年代中国有话语权的决策层还在看好 CRT，一直强调液晶和 PDP 技术发展不起来，导致了平板显示落后了很多年。到了 AMOLED 阶段，中国吸取了以往的经验教训，紧跟国际技术发展趋势，果断进行了全方位产业布局。

1.20 世纪 70 至 80 年代奠定基础

1970 年我国清华大学、上海有机所等单位开始进行液晶研究；1980 年北京电子管厂引进我国第一条 LCD 线(4 英寸 ×4 英寸)，之后上海、长沙等地也引进了 LCD 线；1983 年深圳天马微电子股份有限公司成立，引进一条 7 英寸 ×7 英寸 LCD 生产线；1987 年深圳晶华显示器材公司和深辉技术有限公司成立。80 年代末和 90 年代初深圳成为全国 LCD 主要生产和出口基地，占 90% 的市场份额，为我国液晶显示行业打下了基础。

2.20 世纪 90 年代开始 PM-LCD(非 TFT-LCD)快速发展

20 世纪 90 年代我国开始出现大量 LCD 生产、研发、制造的企业，迎来了第一个行业爆发式发展。同时，国内也涌现出一批材料设备的上下游企业，生产导电玻璃、液晶材料、偏光片、掩膜版等。

3.2000—2005 年 TFT-LCD 的起步

中国显示行业真正开始快速发展是 2000 年以后，那时上海和北京开始引进第 5 代 TFT-LCD 生产线，在第 5 代之前中国基本没有参与到 TFT-LCD 行业，随后中国各地开始发展 TFT-LCD 行业。

4.2009 年后 TFT-LCD 进入大发展时期

2009 年之后，中国显示行业进入快速发展期。截止到 2019 年累计建设了 40 多条生产线，累计上万亿的投资，行业规模迅速增长。在北方、西部、长三角包括福建、广东都建有大量的生产线。同时，新技术新产品的迭代加快，这使得 TFT-LCD 的制造技术很快与国际水平同步。

5. 新技术导入和应用提速

京东方、华星光电、天马、中电熊猫等骨干企业在高分辨率、宽视角、低功耗和窄边框、曲面等新技术上加大投入,取得良好进展,在许多方面已达到世界先进水平(图 42)。

其中,京东方发布的 82 英寸 10K 显示屏,横屏宽高比为 21∶9,竖屏宽高比为 9∶21,分辨率则高达 10 240 ×4 320,是目前主流高清电视分辨率的 21 倍,色域达 90%;深圳市华星光技术有限公司也发布了全球最大的 110 英寸高清曲面液晶屏。

到 2016 年 PMOLED 上游产业链成功实现了国产化率从 20% 提升到 95% 以上。关键设备从 10% 提升至 30%。AMOLED 原材料国产化率达到 35%;关键设备国产化率达到 17%。

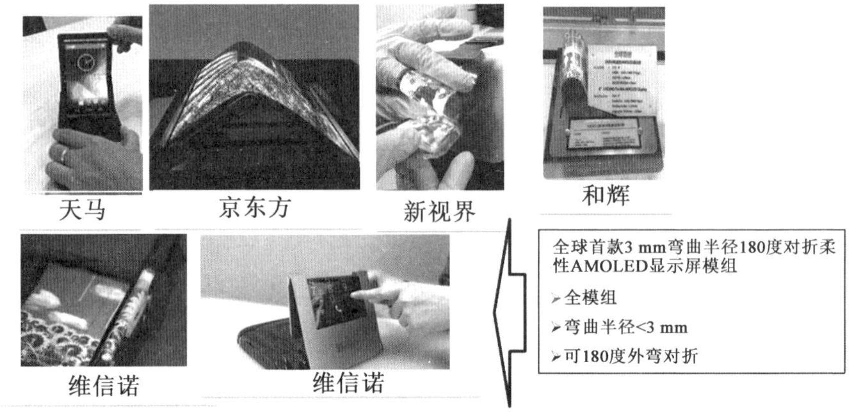

图 42　我国企业生产的各种曲面屏

6. 多地积极布局 AMOLED 量产线

除了 TFT-LCD 之外,我国近年在 AMOLED 方面投资非常巨大,只是发展速度比预期的要慢一些,良率爬坡期比较漫长。京东方的成都柔性线于 2017 年底宣布量产。

这是京东方在成都建设的第 6 代柔性线,总投资 465 亿元人民币,占地 70 万平方米(图 43)。

图 43　成都京东方第 6 代柔性 AMOLED 生产线项目

这是京东方在四川绵阳建设的第六代柔性生产线，投资额为 465 亿元人民币，占地面积为 84 万平方米（图 44）。

图 44　绵阳京东方第六代 AMOLED（柔性）生产线项目

除了京东方、华星光电外，还有维信诺、天马、和辉光电、信利半导体等都在建柔性显示生产线，并且这些产线投资额都达四五百亿元，占地都是几十个操场大小（表 4）。

表4　2018年以来国内柔性显示企业投产时间表

公司名称	地点	代线	投产时间
京东方科技集团股份有限公司	绵阳	6	2019
	重庆	6	2020
	福州	6	2021
北京维信诺科技有限公司	固安	6	2018
	合肥	6	2021
深圳市华星光电技术有限公司	武汉	6	2019
天马微电子股份有限公司	武汉	6	2018
上海和辉光电有限公司	上海	6	2019
信利国际有限公司	眉山	6	2021
湖南群显科技有限公司	长沙	6	——

7. 产业重心向中国转移

我国大陆已经成为全球平板显示产业新的投资热点地区。在产线建设和庞大下游市场的双重作用下，全球显示产业重心向我国转移的速度加快。2015年，中国企业在平板显示生产设备方面的支出占全球的70%以上。2017年前后，我国增加9条以上面板产线，多数为高世代线，生产线总投资超过4 000亿元人民币。

8. 小结

中国是最早发展平板显示的国家之一，2008年以后中国是全球唯一大规模投资新线的国家，经过几十年的艰苦奋斗，中国显示行业在世界上的地位得到大幅度提高，中国企业的技术水平达到世界先进水平，2019年中国在平板显示的规模和产量上超过韩国，成为全球第一，可我国从大国迈向强国，还任重道远，不过我们有理由相信中国将成为全球显示行业的第一强国。

提问环节

【主持人】谢谢张教授给我们带来的精彩讲座。下面就让各位观众和张教授交流一下，有问题的观众可以举手示意。

【观众】张老师，您好，我们从刚才对未来的憧憬回到现实，因为柔宇在深圳或者在全国话题很多，但是在您的陈述里面没有提到它，我也问过他们的创始人，他对他的技术家底是讳莫如深,您可以给我们简单提示一下他的技术家底到底在什么样的水平上面吗?谢谢。

【张盛东】是的,我的报告里面提到了很多公司,没有提到柔宇。它的确有一定的知名度,社会上知道柔宇的人可能还挺多。之所以没有提到它,是因为柔宇是一个比较神秘的企业,它至今也没有什么产品,与学术界、产业界同行之间基本上没有什么交流,我们真的不知道它的核心技术是什么。通常,我们要想了解一个公司的技术,我们可以看它制造的产品,看它发表的论文,看它申请的专利,可是它论文基本上没有,虽然有看到一些专利,但是专利跟它讲的那些核心技术好像又没什么关系,所以说我对它的情况真的是非常不了解。

他们在中央电视台也做过一些宣传,说他们做出了世界上最薄的柔性屏,对我们专业人士来说这么薄好像也没有什么必要,作为一个普通大众消费者而言,产品也并不是越薄越好,因为真正的柔性显示屏其实需要有一定的厚度,我们做出来的那个柔性屏最终还是要把它贴到一个柔性的基底上面,所以它总是需要有一定的厚度,太薄了你可能拿不上手,所以那个薄也不算是一个核心技术。从专业的角度,做薄也不是很难的事,要看是否有这个必要。

2018 年 6 月份柔宇宣布柔性屏量产,这个其实是个很激动人心的事情,因为在这两年柔性屏只有三星能够供货,中国做手机的这些企业都买不到这样的屏,有的企业甚至基本不给供货。个别厂家三星可能还提供一点。所以说中国的手机厂商真的是盼星星盼月亮,盼望中国哪一家能够量产柔性屏。它突然宣布量产了,这可不得了。柔性屏一张可以卖到 100 美金,我看柔宇发布的公告,产能是一年 5 000 万张,5 000 万 ×100 美金,好像是有 50 亿美金。可是,我们也不知道为什么,它一直也没有对外销售柔性屏,也没听说哪一家手机厂家买了它的屏。到 2018 年年底,它突然说要卖自己品牌的手机了,我们就看不懂了,一路过来我们都没看懂,所以我在这个报告上面也就没提到它。

【观众】张老师,您好,非常高兴听到您的这个演讲,我有一个关于技术类的问题想咨询一下。您提到的 OLED 和 LCD 这两个屏,到目前为止我们现在还不是技术上的强国,我想问一下它的技术要想往后发展还有什么需要改进的地方。

【张盛东】LCD 应该说这个技术已经比较成熟了,但基本上所有这些关键技术、核心技术都不是中国大陆厂家研发的,技术几乎是日本、韩国研发的,我们只是引进。我们现在能做的也就是在引进的基础上做一些修修补补的东西,从这个角度上说我们在技术上是很难领先的。从技术的角度,LCD 可以进一步提高画质、对比度和降低功耗,并在柔性显示方面取得突破。

OLED 也是这样,OLED 现在唯一能够大规模制造的还是韩国的企业,三星主攻小尺寸,LG 主攻大尺寸,当然大尺寸难度更大一些,只能是小批量生产。这些技术中国之前是没有的,充分研发的过程也是没有的,通常是直接引进生产线制造,所以刚才讲制造的爬坡期比较长。

讲到具体的技术,AMOLED 显示还是很难做的,因为 OLED 材料是有机材料,有机材料本身比较娇气,有老化和寿命问题,TFT 也有退化的问题。另外还有 OLED 和 TFT 还有特性不均匀性的问题,等等,这些都是很难解决的技术问题。AMOLED 显示要普及,必须降低价格,相应地要降低制造成本,这就要求大幅提升良品率。

【主持人】如果大家在这个大会场上没有什么问题,我们接下来再以热烈的掌声感谢张教授,您可以在讲座结束之后私下跟张教授联系。这里是深圳大学城管理办公室为本场讲座送上的讲座纪念证。

从自然界获得灵感的仿生机器人技术

主讲人:李兵

讲座时间:2019 年 9 月 21 日

讲座地点:深圳大学城图书馆四楼 413 报告厅

主讲人简介

李兵,香港理工大学博士,哈尔滨工业大学(深圳)机电工程与自动化学院执行院长、教授、博士生导师。入选国家多个项目的领军人才,是享受国务院特殊津贴专家、深圳市鹏城学者。中国仪器仪表学会智能车与机器人分会副理事长、中国机械工程学会生产工程分会理事、广东省人工智能与机器人学会常务理事、深圳市微米纳米学会副会长,国际杂志 *Intelligent Service Robotics* 副主编、*Industrial Robot* 编委。研究方向:机器人与精密装备,主持国家重点研发计划智能机器人重点专项、国家自然基金委联合基金等国家和地方项目 30 余项,获国家技术发明二等奖 1 项,省部级及深圳市科技奖项共 3 项。

主要内容

本报告详细介绍了仿生机器人技术的现状和未来发展趋势。首先,概述了仿生学的定义及其广泛应用领域,并深入探讨了国内外仿生机器人的研发现状,包括仿人机器人、四足机器人、跳跃机器人、水下机器人和飞行机器人等。其次,介绍了哈尔滨工业大学(深圳)在仿生机器人领域的研究成果,包括地面仿生机器人、飞鸟机器人、仿生跳跃机器人和折纸仿生机器人等。最后,展望了仿生机器人未来的发展方向,指出仿生机器人研究将与脑科学、神经科学和人工智能技术密切结合,以更好地为人类提供服务。

今天的讲座主题是和大家分享与仿生机器人相关的一些知识，前半部分详细介绍一下仿生机器人相关的背景、国内外现状及发展趋势等内容，后半部分跟大家交流分享一下哈尔滨工业大学（深圳）智能机器人团队在仿生机器人领域做的一些工作以及取得的成果。

一、仿生学定义、国内外发展现状与趋势

（一）仿生学定义及其应用领域

仿生学 bionics 是一个希腊单词，bio 是 biology 的简称，是生物的意思，nics 是表示具有某种特性的意思，我们做仿生机器人的更多理解为 mechatronics，即一种生物机电系统，当然不同学科领域的人的解读会稍有不同。

Bionics 这个英文词是 1960 年一个美国人首先提出来的，他指的是将生物学和其他一些学科进行交叉的一门学科，所谓交叉学科就是说纯生物学是解决不了的。比如我们研究仿青蛙的跳跃机器人，我们需要去研究青蛙前腿和后腿的跳跃动作的机理，然后将这个机理转换成工程技术，才能做出一只仿生的青蛙，这是仿生的一个例子。

提到仿生跳跃就必须提到美国的波士顿动力公司。如果单纯地去模仿青蛙，这一跳就是零点几米，最多一米多，应用范围不是特别大，所以波士顿动力公司的科研人员不仅仅只是模仿青蛙腿的跳动，而是研究一个弹跳机构，它能够模拟青蛙的基本动作，比如说从平面摆到一个角度，模拟了青蛙的跳跃过程，一次跳跃能到十米左右。当一个跳跃机器人能跳到十米的时候，大家可以想象它的用处有多大，所以从这个角度来说，仿生已经由原来基本的动作模仿，逐渐由形似变成神似，大家从一个基本的仿生原理出发去勾勒出它本质的机理，用一些现代的科学技术去实现它，达到仿生性能的最大化。

就如刚刚我讲的，仿生学是以模仿生物系统的方式或者具有生物系统特性的方式，再或者类似于生物系统方式工作的一个学科。这就包括了几个层次，原始模拟当然很重要，我们一开始都是原始模拟，但是到最后都是源于它并且超过它，才有意义。仿生学也是通过这些手段来进行的，比如观察、研究、模拟等各种各样的方法。自然界有很多有特殊本领的生物，有的会跳，有的会跑，都是“超能量”，比如蚂蚁，一个蚂蚁背一个小粮食，看起来很小，实际上如果按比例转换成人的话，那能量是很大的，大家看蚂蚁的腿如头发丝那么细，它能背这么大一块面包，

按人来说就得背几百斤的东西，人是背不了的，所以人从负重这方面绝对是不如蚂蚁的，它的这个能力值得去研究，不研究就不会发现背后的道理。通过研究生物本身的结构、原理、行为、各种器官功能，包括它的能量转换、能量供给、记忆等等一系列的能力，从中找到新的设计思想、工作原理，最后变成系统架构，就是最终能开发出一个系统为人类所用。

我们都知道大自然的法则是适者生存，所以说为了适应这种复杂的生存环境生物也在不断地改进、进化，在进化过程中我们一些重要的创造发明都来源于自然界。我们可以举几个例子：比如说鱼有摆尾的游动，我们划船用的船橹就是模拟这种摆动。还有锯齿草，这种草的边缘是很锋利的，我们发明锯子就是从这儿来的灵感，用这个形状可以把木头锯开，甚至把铁锯断。达·芬奇和他的助手通过对鸟类进行解剖分析，最早设计了扑翼飞行器的原型（图45）。达·芬奇我们就不用介绍了，这是一个著名的发明家、科学家、工程学家，除此之外，他还是一位大画家，文艺复兴三杰之一。他的画在法国罗浮宫收藏，大家有机会去法国的时候可以看一看。大多数人都拿着摄像机在拍，几百人排队拍的《蒙娜丽莎的微笑》，就是达·芬奇的画。我们20世纪60年代开始做并联机器人，才开始有这个研究，实际上这些达·芬奇的草图里都有，他在中世纪就已经把并联机构都画出来了。所以应该仔细研究达·芬奇的科学与技术思想，我觉得他的很多思想到现在应该还有挖掘的潜力。

图45　达·芬奇和他的助手设计的扑翼机手稿

说到仿生学，涉及它的分类有很多，所以今天演讲的内容会有点散。比如说从机构上进行机构仿生，这种仿生主要从性能上着手。奥林匹克精神是什么？更快、更高、更强。而我们这种仿生系统的目标也是从性能上着手,从高功率密度比、高动态性上,也是要达到更快、更高、更强。还有一些属于功能仿生,包括一些功能仿生的材料,还有一些属于感知仿生、智能仿生,从整体上仿生技术可以这样分。具体的还可以分成力学、分子、能量、仿生材料等等,所以简单说仿生系统就是一个机电系统是不对的,比如游泳运动员仿鲨鱼皮的那种游泳衣(图46),那就是减阻,在水里阻力就是小,运动员在奥运会比赛的时候穿那种泳衣就有更大的可能拿到冠军,这就是仿生的功劳。类似的仿生例子在生活中比比皆是。

图46　仿鲨鱼皮的减阻材料被应用于泳衣设计

这里还有一些例子:比如说力学仿生,人们研究大跨度建筑的时候就仿蛋壳的形状。还有一些化学仿生,冷光源用萤火虫发光的荧光素开发。还有一些信息方面的仿生,水母有共振腔可以感受次声波,我们根据这个原理设计了风暴预测器,要来风暴的时候我们用这种模拟的预测器就可以提前知道。还有一些控制的、系统的仿生。系统的仿生比较好理解,现在系统仿生主要是双足机器人。仿人的,我们叫 Biomathematics,英文这个词有点长,其实就是讲仿生学,这个领域的学术会议每年12月份开,2019年的 Robotics Biomathematics 就是在云南丽江开,这也是我们这个领域的人重点关注的一个会议。还有一些综合的仿生,比如说用象鼻虫视动反应制成的"自相关测速仪"。还有鲎,这是一种动物,它的复眼视网膜有侧抑制网络的功能,在此原理上开发了有助于模糊目标检测的装置。根据舞毒蛾激素的作用,合成一些有机化合物,就可以诱杀一些有害的生物。还有苍蝇的楫翅,它是苍蝇飞行时的平衡棒。苍蝇可以不停地飞几个小时,怎么实现呢?就是靠楫翅,它有一种导航的功能,我们就以此开发了"振动陀螺仪",用于自动驾驶。还有无人机编队学习了蜂群的组织形式,涡轮叶片从座头鲸那里得到一些降噪技术(图 47),这样的例子很多很多。仿生学普遍存在学科交叉,在这里把所有的东西都讲了是比较困难的。

图 47 涡轮叶片减少阻力噪声时借鉴了座头鲸的鳍

下面要说的是一个人因为一次爬山腿断了,他就研究这种智能假肢,最后他成立了 iWalk 公司,还有 MIT 的一个研究组。大家看他戴着他的假肢实际上比人的双脚还厉害,因为假肢的末端可以换工具,不同的地形可以用不同的工具。还有一点要讲一下,智能假肢模拟神经对肌肉的控制,反应比传统假肢更快,几乎没有延迟。有一些特殊的测量装置也可以装在上面(图 48)。

下面是研究人员通过人工智能技术对图片信息进行分析与预测,实际上用的是非监督学习产生的对抗神经网络,这个做计算机人工智能的都比较熟。这个网络可以对画面进行预测,通过大数据的分析以后就知道下一步画中人要干什么,这个工作也是很重要的。因为我们现在都在做助老助残系统,常见场景是老人自己在家里,当儿女的很担心,家里面有这样一个视频设备拍他的床,如果有某种倾向让我们感觉到他可能要摔倒或者有什么困难,可以更早报警、找人协助,甚至是远程诊断等等,这样的技术是非常有用处的。这里说了可以让人“想入非非”,看了一些图片就知道下一步可能要发生什么(图49)。

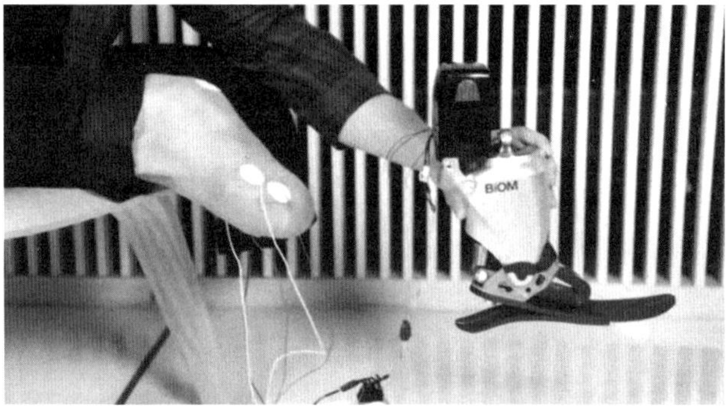

图48　通过神经信号实现对智能假肢的控制

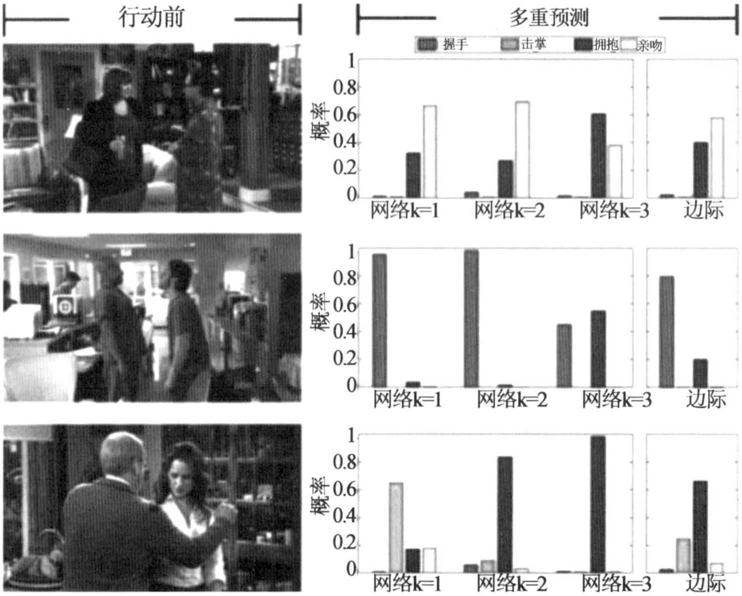

图49　通过图片情景分析进行行为预测

接下来是听环境信息,属于声学领域。它也是建立一套神经网络,通过声音进行分析,就基本上能知道声音源现在处于一个怎样的场景(图 50)。这也是MIT 做的。

方式	准确性 ESC-50	准确性 ESC-10
SVM-MFCC [28]	39.6%	67.5%
卷积自动编码器	39.9%	74.3%
随机森林 [28]	44.3%	72.7%
Piczak ConvNet [28]	64.5%	81.0%
声网	74.2%	92.2%
人类性能 [28]	81.3%	95.7%

图 50 神经网络算法从声音信息中辨识场景的识别准确度已接近人脑

下面是通过雷达识别接触和靠近的物体,不同的物品一放上去就知道是什么。当然它不是称重量,重量是一称就知道的,但是雷达提前不知道目标物是什么。这里是通过机器学习的一些方法,如果是人机交互的雷达,它感觉是人的时候,还可以做出一些比较友好的表示(图 51)。

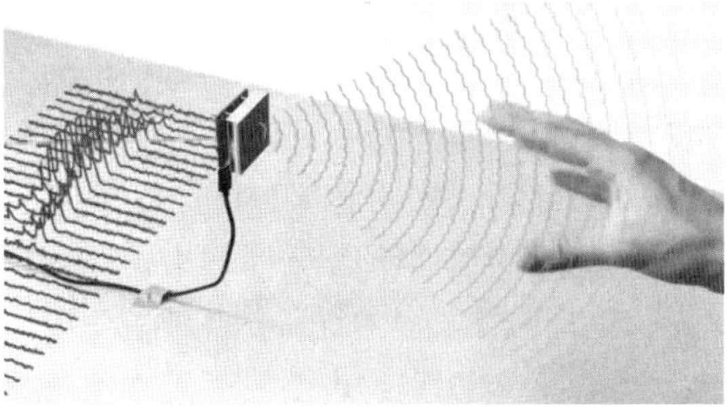

图51 人工智能算法通过雷达信号识别手势和物体

下面是用纸做的显微镜。我们都知道显微镜很重要,在工厂里面生产线上的那些小尺寸零件是很细微的,有些人眼看不见,往往又不是标准的圆形、方形,是包含曲线的,我们经常会拿高倍数的,比如 30 倍、100 倍的显微镜去看,那是很昂贵的设备。美国斯坦福大学开发了 1 美元就能做出来的纸质显微镜,这个问题就解决了,整个成本就降低了。当然对人家来说是 1 美元的成本,开始卖给客户的时候可能是 1 万美元,等其他对手有这个技术的时候就变 1 美元了,这是市场策略(图 52)。技术发展日新月异,这里就举了这么几个例子,说明这里面都有仿生,有声音的,有图像的,都是多元的一些仿生应用。

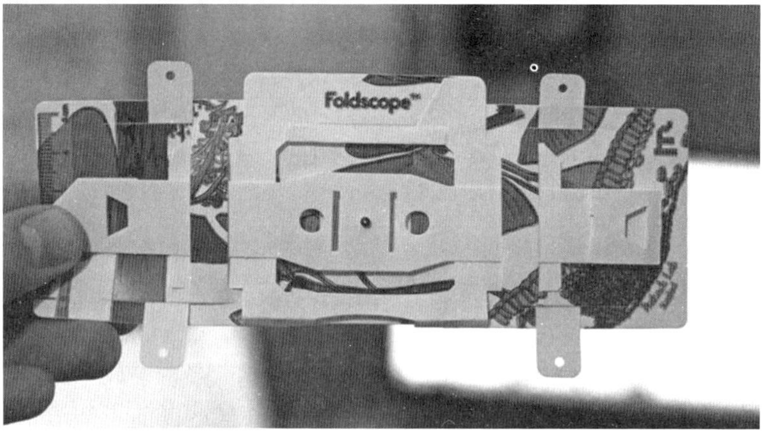

图 52　只需要 1 美元成本的折纸显微镜

我们研究仿生学通常都是用类比、模拟、建模这些手段,也不是说直接复制它的细节,而是去理解它的工作原理。这里面就涉及几个模型,生物原型我们要知道,硬件模型我们要建立,但怎么构建这两者呢? 中间就缺一个数学模型,常常是要把这三个模型建好了,仿生这个工作才能做好。往往因为这里面有些东西是没法建数学模型的,有时候我们只能建近似模型之类的,却影响了最后仿生装备的质量,所以要解决这个问题通常需要多学科长时间的密切协作,这也是影响仿生学发展的重要因素。

(二)仿生机器人的国内外研发现状与趋势

前面简单介绍了仿生、仿生科技,还举了一些例子。下面我们聚焦一下国内外对仿生机器人的研究现状。

第一个是仿人机器人。大家一说到机器人,就感觉现在这些机器人怎么都不像人,看到的都是一个一个设备,都是静止的一套又一套电子器件,这怎么是机器人? 我们脑子里面想的机器人应该像人一样。我们做机器人的,一般把机器人研究分成这么几个阶段。

第一个阶段就是对基本的一些运动、简单任务抓取的模拟,这个过程中不需要人脑,用这种简单的运动代替人的重复劳动或者高危的、污染环境的一些工作,设计一些装备就够了。

下一阶段应该怎么样？应该模拟人的情感，模拟人的情感日本也有人做，我们也有一些教授做，就是有表情的机器人。德国人做的有表情是在脑子里装几个摄像头，它外表是一个壳，脸部用灯光把它点亮，通过灯光的变化，让人能感觉到微笑等表情。而日本的体系中机器人的面部里面有很多机械系统，机器人笑真的是嘴张开了，比如日本的美女机器人，其中有一个是塑胶型的，还能说话，很像真人。第二个阶段就是表情的模拟。

第三阶段是什么？脑神经的模拟，真正智慧的模拟。人的神经太复杂，脑太复杂，所以咱们人类目前还没搞明白人脑的工作机理，当然有些表面肌电可以很浅显地做一点事，但是真正能做到超级脑还是很难的，所以国外及国内这几年相继启动脑计划，科技部也启动了脑计划，就希望我们聚焦脑科学，这是未来的一个主流方向，包括现在人工智能技术大家都在研发，我们做人工智能，美国也在制订计划。

仿人机器人主要是机电、材料、传感器、计算机很多门学科于一体，是一个国家实力、能力的象征。我们知道做人形机器人日本是比较厉害的，像阿西莫，当然这个计划已经停了，已经做得比较到位了，技术也很好。我们国内做仿人做得比较好的，像北理工的黄强老师，是从日本留学回来的，这一块确实从技术上跟日本有很多东西可学。你看第一套仿人机器人又追溯到达·芬奇了，当年人家设计了一套盔甲，后来称之为达·芬奇机械骑士，这算最早的人形机器人（图 53）。

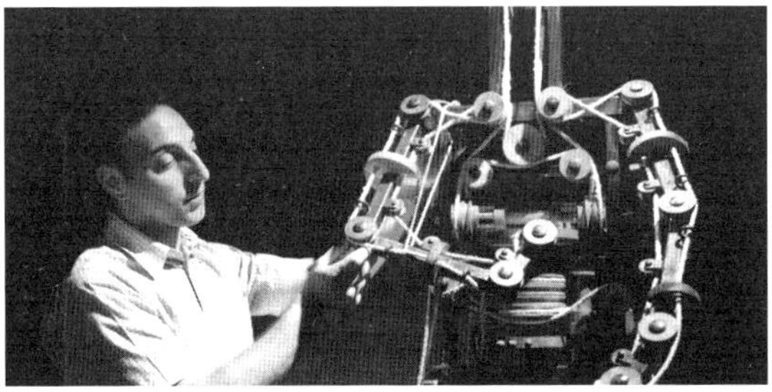

图 53　达·芬奇设计的机械骑士复原品

现在的人形机器人是 20 世纪 60 年代开始研制的，因为多个国家都在大力发展它，典型的比如说阿西莫，这是日本本田的，深圳优必选也不错。还有两个国外的公司做得特别厉害,一个是美国的波士顿动力,基本上它代表着仿生的最高水平,还有一个德国的 Festo,它的仿生技术实力也特别强。

下面就是阿西莫仿人机器人,是日本本田技研工业株式会社研制的(图 54),2000 年开始,最早的双足行走机器人,全身有 57 个关节,能走,能上下楼梯,端茶倒水就更不用说了,所以我们一说护理机器人,就会提到日本的这个机器人。我们一般研究这样的机器人都会看到机器人头部上方需要吊个绳子防摔,因为一摔可能损失几十万元,又得换,所以这个研究还是很难的。还有 NAO,大家看到各大展会里面随着音乐跳舞的机器人,那是 NAO 机器人,但是它做得很小,个头比较矮。如果要做到像人这么高,当前还不行。但是 NAO 机器人比较成熟,10 万元以内就可以买下来了。给试教型 NAO 机器人做一些动作,它就可以模仿。但毕竟是双足机器人,容易摔倒。此外,控制器一旦发热,它自动检测到温升过高,就停止工作了。

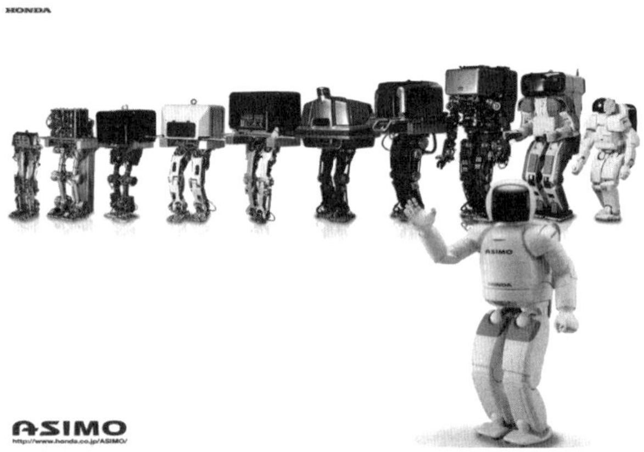

图 54　日本本田技研工业株式会社研制的阿西莫仿人机器人

这是日本的仿人研究,国内的有优必选的 Walker(图 55),个头已经到了 1.5 米,重量 77 公斤,我也有一些学生在优必选工作,优必选双足机器人做得是非常好的。

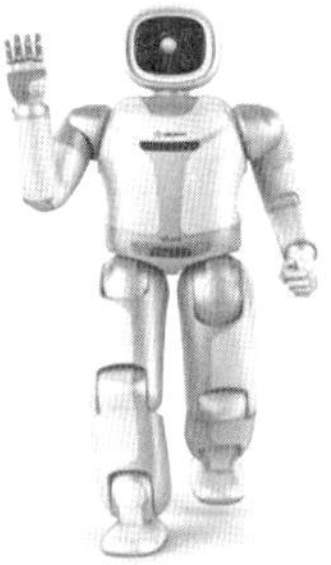

图 55　优必选的 Walker 仿人机器人

第二个介绍一下四足机器人。波士顿动力陆续推出几款仿生机器人，其中一个叫 BigDog，我们俗称“大狗”，类似的还有“野猫”机器人，“野猫”就是使劲奔跑，速度很快。这是“大狗”（图 56），它是四足机器人，重 240 磅，可以爬泥泞的坡路，我们在网上看到的视频里还有人踹了它一脚，它能通过自平衡调回来不倒。BigDog 机器人还可以背着重物行走，把重物都交给它扛着走或者上山，这也是很好的应用例子。这个机器人能够携带重物在崎岖不平的山路上行走 30 公里，唯一不足就是它体重也比较重，它用的是液压系统，里面也很重。我们国内山东大学李贻斌教授他们做得不错，在比赛时，他使用切换控制，如果出问题了让机器人换一种控制方法接着走，就可以不摔跟头。

图6　波士顿动力研发的 BigDog（“大狗”）仿生机器人

第二个 Atlas 能实现后空翻，从桌子底下能钻过去，倒地上了自己能站起来。Atlas 最新版的个头到 1.9 米了，体重有 80 多公斤，是受到美国 DARPA 资助的项目。2013 年的时候首次亮相，后来又改进了几版，做它的传感、定位导航、SLAM，机器人里的相关技术做得是非常到位的，还可以实现比较高难度的动作，后空翻、开门、跑步这些动作都能做,跳一个台阶也很轻松,确实是把人的步态都吃透了,运动时机器人的轻盈劲和人的感觉差不多(图57)。

图57　波士顿动力研发的 Atlas 仿生机器人

这是另一款,日本东京大学的一个教授开发的快速奔跑机器人,是用摄像头去跟踪人的步态。这里有两个踏板,要想让它不倒,它就得前倾,有一定姿态,里面用高速摄像头拍,跟踪步态分析(图58)。

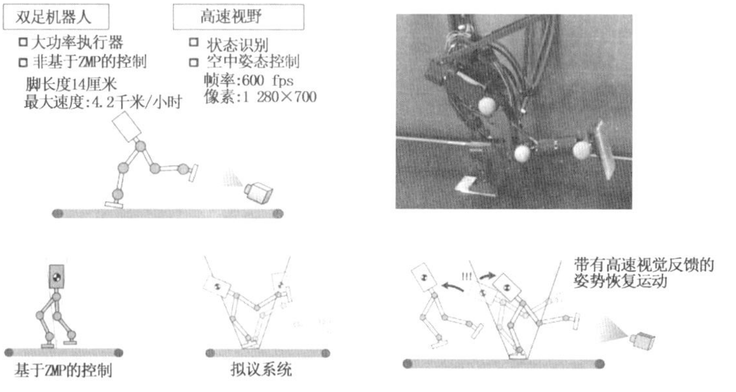

图58　日本东京大学研发的奔跑机器人 ACHIRES

这是 MIT 的猎豹机器人(图59),90 磅重,里面有一些先进的算法,真的像猎豹那样可以快速奔跑,又可以跳,包括上台阶都不成问题。像我刚刚说的这些都是用绳子挂着,怕摔,摔了以后要很多钱重新修复。这个机器人续航能力是 15 分钟,能够依靠超强的爆发力短时间内使用。因为只有 15 分钟,可以让它赶紧跑到台阶上拿一个东西,或者拿一个摄像头背着,跑上去以后进行拍照,把图像传回来。这里说到机器人有一些反馈、平衡感,叫低级响应式控制。原来的高级算法很多,包括 H 无穷、最优控制在内的各种各样智能控制算法,而这种低级算法则指的是机器人跪下后,需要如何响应,需要挪哪个腿,才可以将它恢复回来,这也叫低级响应式或者反应式控制,是比较新的技术,虽然名字叫低级,但实际上还是很尖端的。

图 59　美国 MIT 研发的第三代猎豹机器人 Cheetah 3

这是另外一个,像鸵鸟的机器人(图 60)。这是双足仿生鸵鸟,根本没有头,只有两条腿,我 2013 年在日本见过这个机器人。放在地面上它就可以靠臀部以下的腿行走,且能够保持平衡,还可以金鸡独立。它要倒的时候可以做一些反应,具有强大的地形适应能力,也是灾害救援现场的好助手。

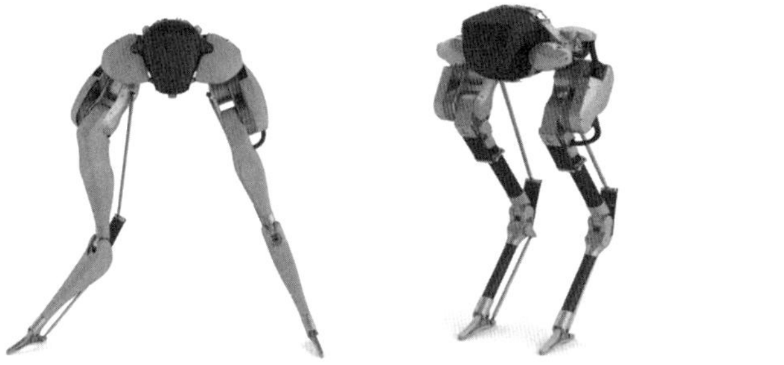

图 60　美国俄勒冈州立大学研发的双足仿生鸵鸟机器人 Cassie

这是壁虎机器人，是美国斯坦福的团队研发的仿壁虎爬墙机器人(图 61)，它主要是利用一个力，叫范德瓦尔斯力，是毛细的纤维和墙表面分子产生的一种微电磁力。它用一个爪子在墙上就可以支撑它的身体，现在就围绕着这个仿生做了很多，比如说我们有个团队做大楼的玻璃清洗，用的就是这个技术。它用爪子搭上玻璃以后一边擦，一边用摄像头拍。还可以换方式，平常拿刮子就可以擦玻璃，一发现有大的污点，它就用滚轮上去转。这些工作从表面上看好像仅仅是挺有意思，实际上不知道哪天就产业化了。我们 2003 年的时候学生的硕士论文很多是车牌识别，现在已经广泛应用在每个小区中，车停到门口都是拍个照就进去了。2003 年的时候大家还在研究这个车牌的字是什么，怎么识别这个字，所以技术发展迭代是很快的。

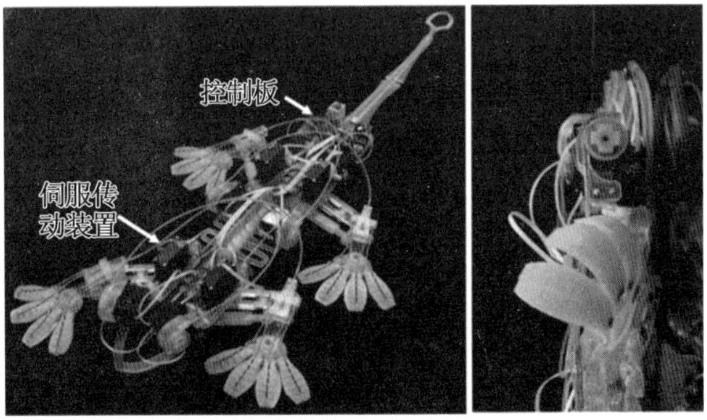

图 61　美国斯坦福大学研发的仿壁虎爬墙机器人 Stickybot

下面这是一个蛇形机器人(图62)。蛇形机器人可以在狭窄的环境中行动,可以应用在地震搜救中。我们用的蛇形机器人可以找人,哪里有生命迹象,它就背上仪器设备去救援。它的身体长度可以延长,而且加装不同的模块,可以实现爬行、翻滚、蠕动,这个我们团队也有相关的研究。

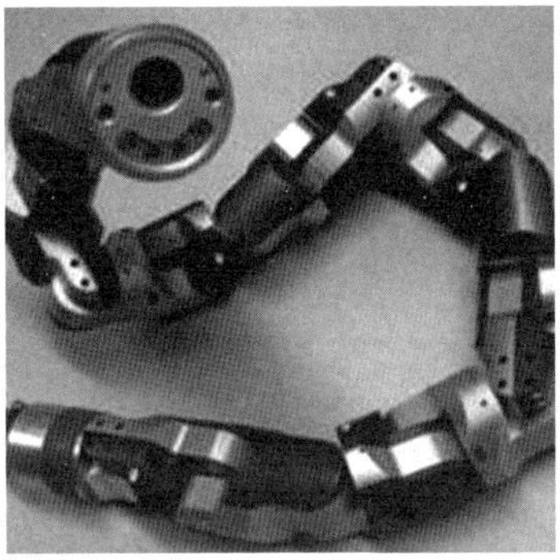

图62　美国卡耐基梅隆大学研发的机器蛇 TomRobot

接下来是哈佛大学研制的一个仿蟑螂的动态机器人(图63),这个机器人只有2.8克,如果只要它的本体,最早版本才不到2克,由一个锂聚合物电池供电,实现将近10倍身长的移动速度,速度很快,可以奔跑和跳跃。

图63　美国哈佛大学研发的厘米级仿蟑螂机器人 HAMR

下面这个是在 *Nature* 上发表的,荷兰埃因霍温科技大学的一个教授研究的一种材料,是基于"投影效应"从而实现材料的连续波动。他将快速光响应的变体引入液晶聚合物网络，主要是光响应能转化为这种形变，根据光作用决定了它的变形量。离开光照，这个材料自动又恢复原状，最大速度也可以达到1秒钟5毫米，这也是非常有用的。我们想想这个机理是从哪儿来的，就是毛毛虫，树上的毛毛虫一节一节往前挪，这个仿生材料就是跟它相关(图64)。

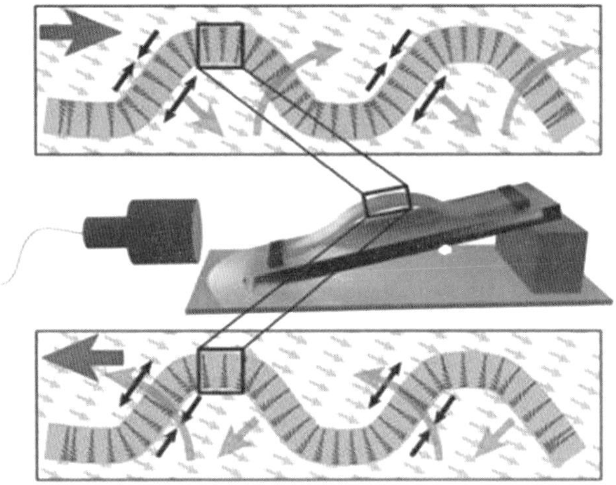

图64　荷兰埃因霍温科技大学的仿毛毛虫波动材料

这是加州大学伯克利分校仿生微系统实验室做的跳跃机器人，叫作仿夜猴跳跃机器人Salto(图65)，这也是挺有名的。它的体重有100克，每隔0.58秒就可以进行一次高达1米的跳跃。我的一个学生去美国读博士生的课题也是跳跃机器人，也是微级的跳跃机器人，他做得也是很不错的。

图 65　美国加州大学伯克利分校研发的仿夜猴跳跃机器人 Salto

我们国内哈工大机器人研究所也做了一个纯机械式仿青蛙跳跃机器人(图 66),它的储能是用的弹簧,弹簧一伸缩就跳。我刚刚说的弹簧这种跳肯定跳的幅度是没有那么大的,因为毕竟弹跳机理本身就受限。以色列特拉维夫大学研发了一种源于蝗虫的微小跳跃机器人,重量不到 28 克,跳跃高度最高 3.4 米。

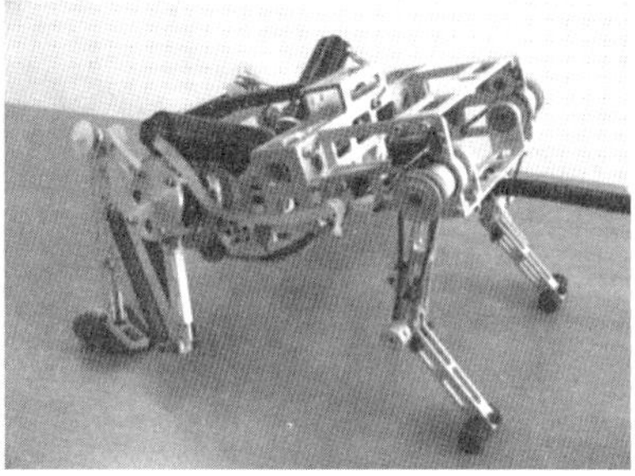

图 66　哈尔滨工业大学研制的仿青蛙跳跃机器人

前两天大学城清华深圳研究生院一个博士生在 *Nature* 子刊 *Nature Communications* 发表了一篇文章,他们做的踩不死的机器人,也是很小的,被踩了一脚抬脚以后它又跑了,怎么压它都压不坏,这也是很好的。

这是韩国的仿跳蚤机器人(图 67),有一种特殊的弹射结构,主要是用形状记忆合金制成弹片驱动器,有一个机构来模拟跳蚤的腿,这样的话跳的高度可以达到60厘米,60厘米是它身体长度的30倍。

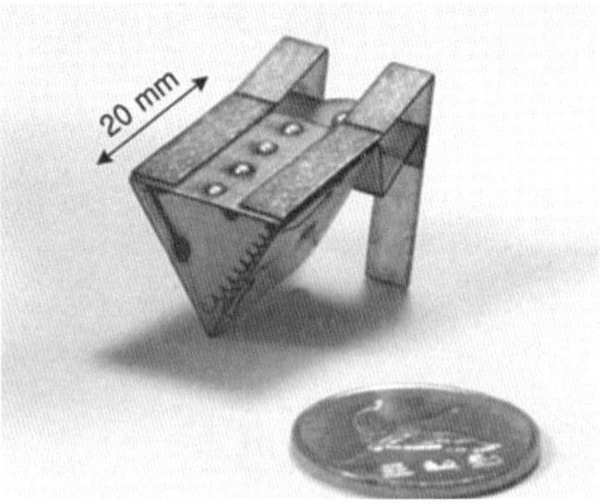

图67　韩国首尔国立大学的仿跳蚤机器人

这是侦察机器人"超微蜂鸟",是美国DARPA资助下的一家研制无人机的叫作Aero Vironment的专业公司研制的(图68)。2014年实现了试飞,它的翅膀摆动频率非常快,大家想象一下,这个控制难度是很高的。超微蜂鸟是一架扑翼机,像真蜂鸟那样拍打翅膀,可以盘旋,甚至还可以后空翻飞行。它的身长只有18厘米,小小的,骨架都是一些碳纤维做的,可以飞8分钟。

图68　美国无人机公司Aero Vironment研发的侦察机器人"超微蜂鸟"

下面是在*Science*上发表的,哈佛大学研发的仿蜜蜂飞行机器人(图69),质量是80毫克,非常微小,它的一对翼展也就是3厘米,每秒钟能拍打120次,可以垂直爬升和空中稳定。它用了一些碳纤维、高分子材料等特殊材料，能够通过静电吸附的方式让机器人吸附在物体表面。

图 69　美国哈佛大学研发的仿蜜蜂飞行机器人 RoboBee

华盛顿大学也有团队开发这种微型飞行机器人（图 70），这个机器人主要的特点是利用激光供电，它没有传统电池，当这个激光束照射到光伏电池上的时候，光能转化为电能，这时候电压能达到 7 V，再用一个装置把 7 V 抬到 240 V，驱动机器人的两翼，这种供能方式实现了能量的一种转换。

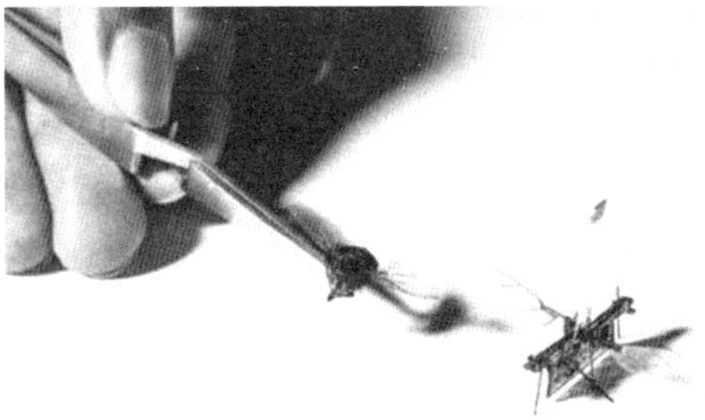

图 70　美国华盛顿大学研发的微型飞行机器人 RoboFly

这是我们国家的仿生海豚（图 71），主要是由谭民教授、喻俊志教授研制的。这种海豚机器人可以在水里面呈现各种姿态，也能跳，这也是很有特色的一个工作。中国科学院自动化研究所谭民教授主要是水下机器人研发得比较早,他们是国内最早研发机器鱼的。他们研发的机器鱼很有特色,还出了一本关于机器鱼研制的专著。

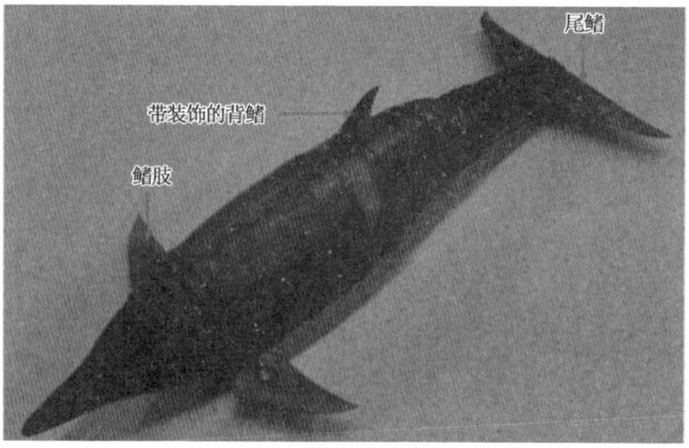

图 71　中国科学院自动化研究所研制的仿生海豚机器人

这就是新加坡的水下机器人(图 72),他们的设计灵感是一些古老的鱼类,参考了魔鬼鱼。就是我们到水族馆里面经常能看到的翅膀很大上下扇动的鱼。去香港海洋公园看一看,这种鱼特别多,在水族箱里面游来游去的。他们的研究就模拟这种鱼,一次能游 10 个小时,速度是 1 秒钟 0.7 米。

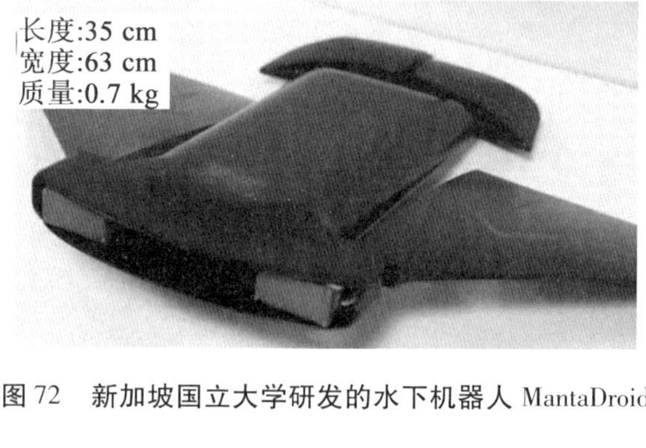

图 72　新加坡国立大学研发的水下机器人 MantaDroid

这就是除了波士顿动力以外第二个研制仿生机器人非常厉害的单位——德国 Festo 公司研制的仿象鼻机械臂(图 73)。他们做了很多仿生系统,可以看到的有仿袋鼠、仿象鼻、仿海鸥、仿蜻蜓、仿水母、仿生鱼等等。

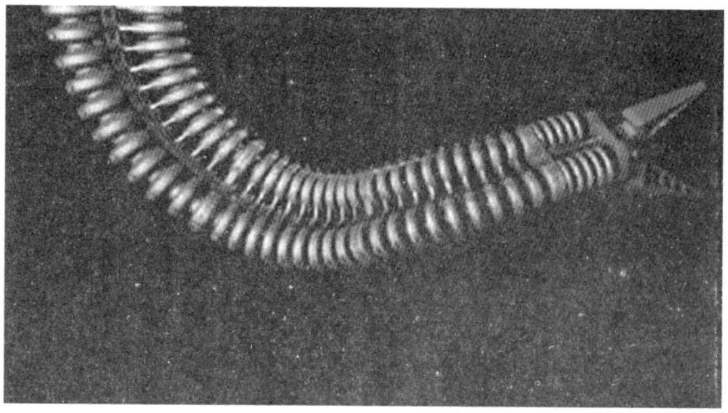

图 73　德国 Festo 公司研制的仿象鼻机械臂

国内做仿袋鼠跳跃机器人的有西北工业大学的葛老师,他主要是从事教学的老师,对科研工作也挺有兴趣。他做的仿袋鼠跳跃机器人,在国内属于做得比较早的(图 74)。这个机器人主要是他先做的,所以必须要介绍一下他的工作。

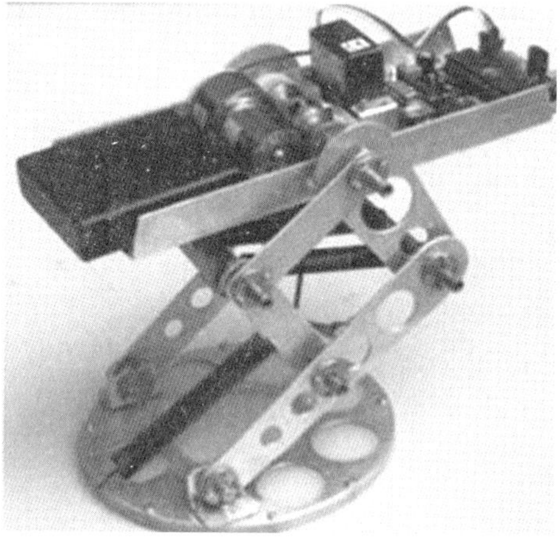

图 74　仿袋鼠跳跃机器人

波士顿动力仿沙蚤跳跃是用化学燃爆式的,文献上说它能跳 9 米。南航跟踪得也比较早,也跟踪它这个产品,能跳 1.5 米。

下面这个研究成果也在 *Science* 上发表过,这是韩国首尔大学的研究团队研制的仿水黾水面跳跃机器人(图 75)。这里面有一个概念是超疏水材料,我们看到水上的水黾,就是水上的一种蚊子,它的脚搭在水上插不到水里面去,始终能浮在上面,就是因为它表面是一个超光滑的超疏水材料,水怎么也沾不上,材料和水之间不相容,它就能踩在水面上一跳跳得很高,这里仿生就是用的超疏水材料。

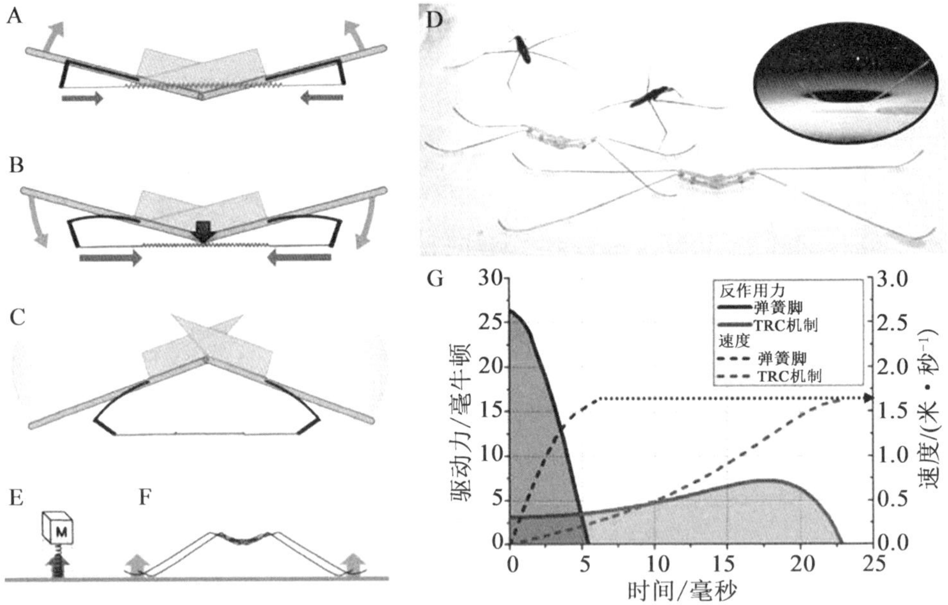

图 75　韩国首尔大学研制的仿水黾水面跳跃机器人

这是美国科罗拉多州立大学水上跳跃机器人(图 76),它有两个方向,一个是微型跳跃,一个是水中跳跃,都做得非常好。

图 76　美国科罗拉多州立大学水上跳跃机器人

这种仿水黾的跳跃机理，主要是要模拟它这种材料，而不是机电的工作，要把材料研究好，如果能把超疏水材料搞明白的话，这是一个重大项目，当然也是很困难的。

英国帝国理工学院也研制了一种二氧化碳高压喷水驱动的水空两栖机器人（图 77），能从水里飞出来。它主要是用形状记忆合金来做驱动，用二氧化碳高压把水排出。哈佛最早做的水空两栖机器人，从水中出来以后它的翼就起来了，就能在空中飞了，这就是水空两栖，现在都注重多栖机器人的研制。

图 77　高压喷水驱动的水空两栖机器人

美国做的一种跳跃机器人，跳得很高掉下来还摔不坏，就是用的聚氨酯弹性体。这是一种高分子材料，设计成小车轮，我们有一个小平台的小车轮就用这个材料，是使用 3D 打印做出来的。我们实验室做出了这个样机，实现了缓冲，当然也做了一些学术的研究，比如瞬态动力学碰撞等等，学生们做这个工作是比较拿手的，做了很多这种工作。

刚刚讲了一下国内外现有的一些系统现状，整体上现在仿生机器人研究也有一定的问题，比如说对生物机理这方面的研究还不是很充分，这一块研究得不充分，再去变成机电系统的时候就会有一些缺陷。而且我们研究这些的目的不是为了完全学习这些动物，而是为人服务。研究扑翼飞行，我们需要的是弄明白鸟的机理，研制的机器人效果超越鸟。此外，一些机械机构的设计、一些驱动的研究、灵巧的生物结构的设计，还有一些仿生材料的研制都是如此。仿生的一些机电系统需要包括一些控制方法，比如跳起来以后它在天上的姿态要能控制，那些小动物在天上飞全程能控制，我们一个机器人经常是飞起来以后就不知道怎么样了，下来就是摔下来的。实际上这个姿态控制是很难的,如果纯用机械的方式去控制也是不太现实的,因为它的响应时间特别短,可能这一跳就几秒钟,还要把它中间的姿态全能跟踪下来,而且还要有一些补偿措施。这个确实很难,但是这个工作还必须得做。波士顿动力的跳跃机器人,它跳下来以后在地上也会翻滚好几下,它主要是有一个减震的设计,翻几下也震不坏,翻哪一面都可以接着滚动。

仿生机器人未来的发展也是逐渐从宏观向微观发展,还有纯刚性的向刚柔一体甚至是柔性的发展,大家现在逐渐在研究这种柔性的仿生机器人。有些可穿戴机器人,不是用完全刚性的关节把人都套住,因为模仿人的步态很难做得精准。如果是刚性的,把腿绑住以后人是很别扭的,它有内力,会不停地对关节产生一些力,还是有害的。做成柔性的,它中间连接得没有那么紧,就好一些。还有就是由传统材料向结构、驱动、材料一体化发展,由传统控制向精细控制发展。我们现在做的工业机器人也是一样,工业机器人也讲驱控一体,驱动器、控制器都是独立的,那么大一堆东西在那儿放着体积也大,现在把它们结合在一起,比如电机,直接把减速器嵌到电机里,这样就可以解决增大力矩和减速的问题。但是这里面仍然有很多问题,大家也都在尝试。现在很多公司,包括深圳的好多公司也在做,也都存在各种各样的问题还需要改进,尤其是控制方面的研究。

二、哈尔滨工业大学(深圳)的仿生机器人研究成果

下面介绍一下哈尔滨工业大学(深圳)仿生机器人团队做的一些工作。仿生机器人研究已经渗透到很多领域,有天上飞的、地上走的、草里蹦的……我们也在继续拓展,从天上到太空,做了很多空间机器人的工作,地上跳的、水中游的、水中跳的等领域也都逐渐拓展了。

(一)地面仿生以及机器人戏剧《来到深圳的豆芽菜》

第一个我要介绍我们机器人团队徐文福教授开发的六足爬行机器人(图78),早期的时候它的驱动也比较简单,当时就拿到一个国家自然基金项目做这个六足机器人,研究多足的重构设计,把它做成蚂蚁,装一个蚂蚁壳,像一个小玩具一样,实际上学生在这上面可以验证很多算法,里面涉及一些语音控制、视觉导航、跟随控制等。

图 78　六足爬行机器人

之后就有轮腿复合式的机器人，底部有轮子，轮子还可以滚动，到了不能滚动的地方就用腿走过去，它适应地形的能力比较强。现在国内有很多比赛，包括世界机器人大会上都有相关比赛，设定一些台阶、崎岖路面、竞速项目等等，有的参赛队伍开发的小机器人，能够很灵巧地完成这些任务。下面这个也是我们做的，这里面有一些故事，一会儿我们就能看到为什么做成这样的形象，左边的是四足仿海龟机器人，右边的是仿兔子机器人，也是学生做的一些工作，里面其实是六足，四－六足可以变构型，变成四个腿后还可以继续走（图 79）。

图 79　仿海龟、仿兔子的表演机器人

下面这是典型的爬楼梯场景，很多六足机器人的机器人比赛都有这个题目，就是弄一个台阶让机器人走过去（图 80）。可以看到它背后有一个支点，关键点就在这儿，走的时候上去，要爬的时候下去，后面的腿把这六个足全翘起来了，就跟飞机尾翼似的，用来实现稳定，要是没有尾翼飞机就晃了。

图 80　可爬楼梯的多足机器人

还有一些四足－四轮变构型的机器人（图 81）。这么一个小机器人，它能把瓶子拿走。它通过视觉先看到这个瓶子，通过轮子到近处以后把这个瓶子抓住，抱起来，再放到另外一个目标点，一会儿再送过来，完成这些简单的小任务。这个任务还是比较粗糙的，实际上通过机器人的手可以实现非常精细的操作，比如实现用绳子打结等，这也是国际机器人界的研究热点，我们团队里的姜欣老师就在做打结机器人。

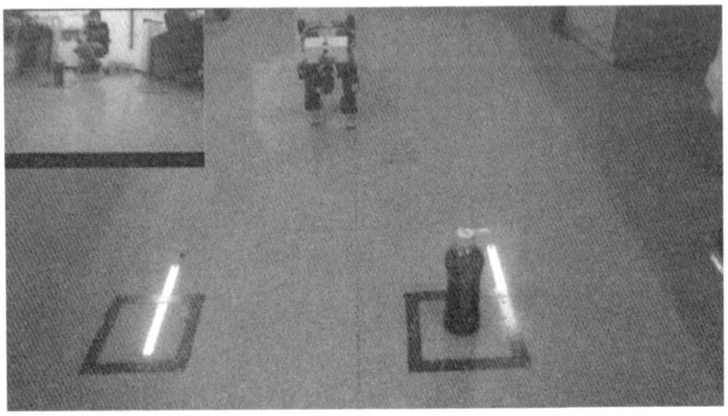

图 81　可抓取瓶子的变构型机器人

下面这个是做成球形的，它的目标是走到一个地方，但路程中遇到走不过去的时候，就把足收起来，以球体构态滚过去，这就是我们做的球形多足机器人（图 82）。

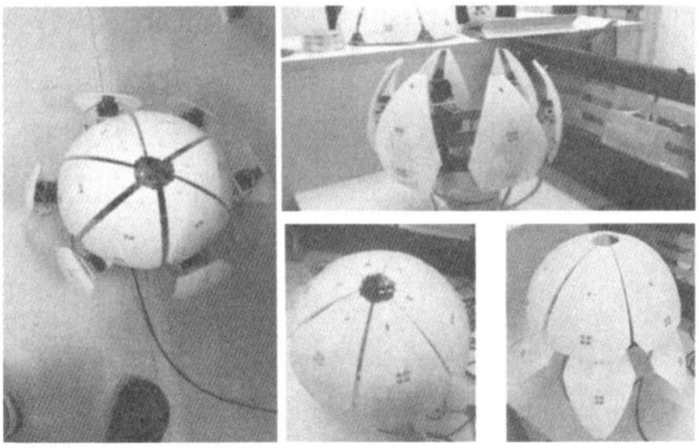

图 82　球形多足机器人

下面这个我们叫作连续型机器人(图 83),蛇形机器人学术上就叫连续型机器人。这种机器人的一个好处是可以用绳索驱动,它所有的电机都在后面,不用装在关节上。我们看到工业机器人每一个关节就有一大堆电子器件,里面都是电机。这种用绳索驱动的连续型机器人,把所有的绳索驱动电机都放到最后面,电机集中在一个地方,如果有一个固定机座,电机就在这个机座上,臂可以伸出去。

图 83　连续型机器人

我们还开发了以机器人为核心的人机交互情景剧,这个背景我简单说几句。有一次我们去越南开展国际学生招募,越南有一种木偶剧,就是讲越南人民面对着海洋环境,他们是怎么从大海汲取营养一点一点发展起来的。我们在剧场里看木偶剧时,发现他们那些木头做的木偶,连接处的间隙没调好,胳膊就不停地往脸上打。我们就商量说回去把这些木偶做成机器人,可以打造一个剧场,有故事,有情节,本科生肯定喜欢这些表演。就是这么一个动议,从越南招生回来就开始实施了。因为我们机器人团队的实力很强,这些机器人全都是我们自己开发出来的,下面我详细介绍一下。

哈工大有数字媒体艺术专业,专业里面有中央戏剧学院毕业的国家一级编剧,就由我校国家一级编剧编写剧本,剧本很快就完成了,大家开始讨论到底要开发什么。《来到深圳的豆芽菜》里面要有几个真人,豆芽菜是一个真人,有一个男孩子志愿者是一个真人,有一个医院院长是一个真人,还有一个环卫工人是拍的影像,其他的机器人全是自行开发的。所有演出机器人都由我们机器人团队耗时大半年开发出来,仅仅开发完了机器人还不够,还得适应剧情做很多修改。

先说一下机器人整个剧场的创意,对有些角色进行设计的前提是了解剧本,每个机器人主要干什么,比如有的机器人人物,要求脖子得能转,眼睛得能动,嘴巴得能动,还要能招手和移动,这就是基本动作。确定了需求,还得有能力去开发。此外还有很多需求,比如说得有一个剧场,至少要有一个大场地,让机器人在上面表演。学校里面都是教室,肯定要按照演出的需要开展二次装修,我们当时就找了最大的一个教室,能容纳 200 人,把它改造成机器人剧场,同时还要满足多机器人协调交互的一些技术需求。

有一个人物叫海龟机器人,开发了几个版本,到某个版本的时候大家说这个海龟太沉闷了,要让它能“开花”,也就是给它一个指令后背就能打开,全是 LED 灯在闪烁。就是这么一个要求,开发了两代,它还可以完成行走、转弯等等,包括头部的制作都想了很多办法,经过好多次方案的评审,用了几个刚性很好的弹簧放在里面,整个质量要小于 50 斤。开发过程中要一遍一遍地分析剧本,分析整个系统的开发要求,不断调整研发任务。

有一个特型机器人也是我们这一组做的。它的外面是用 3D 打印的罩子形象套上去的,里面是一个移动平台,底下几个轮子,脖子用一些机械的实现方式,都能转动,最后将 3D 打印的人物形象套在机械骨架上面,能说话、能眨眼、能张嘴、能移动,需要几个关键模块的创新开发。

机器人剧本中还有一个有特色的人物,就是一个小姑娘吹笛子,根据剧本的这段故事,我们又开发了一个笛子演奏机器人,下面部分是一个海豚作为基座,小姑娘坐在海豚上吹笛子(图 84)。这里面也涉及好多技术,比如人工肺,因为吹笛要不停地给它供气,如果气供不上就不行,这里面就靠一个人工肺上下动对它产生必要的压力,依靠电控的人工唇、人工肺,用 MIDI 那个格式发出音乐的声音,虽然是单音,但是也是音乐的节奏,效果还是很好的。

图 84　吹笛演奏特型机器人

还有一个叫平衡车,这是编剧特别提出的,我们当时也不理解,机器人剧场开发一些机器人就行了,怎么还弄一个车? 导演说这个剧本里一定要开发一个平衡车,还要能实现一些特定的功能。另外还有一些蛇形机器人,在结构骨架外面罩上罩子,一看确实就很像蛇了。

还有剧场开发,在哈工大深圳校区对 A 栋 108 教室做了改造,原来有 200 多平方米,把它改造成数字舞台机器人创客小剧场,观众可以有 90 人。剧场装修完以后就是这个效果,观众可以围着剧场近距离看,可以有灯光,还有一些后台的电脑操控(图 85)。

图 85　数字舞台机器人创客小剧场

下面是当时数字舞台机器人剧《来到深圳的豆芽菜》的剧照和报道(图 86)。当时做这个除了编剧,还有导演。导演我们聘请的是丁军导演,他是国家一级演员,在黑龙江一直任歌舞剧院院长,经验很丰富。他来指挥我们整个表演,因为演员中很多学生包括一些志愿者没有经验,导演经常要介绍里面的情节。

图 86　数字舞台机器人剧《来到深圳的豆芽菜》剧照和报道

当时都是用手机拍的,展示的照片效果不是特别好,实际上这里面有一些画外音,还有一些跟机器人的互动,演出效果是非常好的。当时各大媒体都做了一些宣传报道,包括央广网、《深圳特区报》等。报道出来以后很多外省市的同行前来调研观摩,探讨把机器人戏剧产业化的途径。其实我们当初就是一个简单的想法,就想在戏剧中体现一些高新技术,又不失娱乐性,本科生比较喜欢,可以对招生宣传起到一定作用。如果想复制这种机器人剧场演出赚钱，这个工作我们肯定做不了，这得专业公司干，涉及开发、维护、应急等不少工作，都要做好才能维持剧场运营。

（二）飞鸟机器人以及“仿生凤凰”参加央视春晚深圳分会场表演

下面我再介绍一下“仿生凤凰”项目，哈工大（深圳）机器人团队徐文福教授领导研制的“仿生凤凰”于2018年登上了央视春晚深圳分会场。这个原本不是用来表演的，是用于复杂环境探测的，因为大型飞鸟机器人跟真鸟尺寸差不多，隐蔽性就会更好，但同时技术难度也就更大一些（图87）。

图87　可用于军事任务的飞鸟机器人示意图

在环境探测应用方面，包括鸟群引领，假鸟和真鸟混在一起，不容易被发现，就能完成侦察任务，还可以独立作战，可以做战士的助手，“鸟－机”混合编队，等等。大家都知道深圳大疆无人机四旋翼是很稳定的平台，这种大型飞鸟和我们现在做的固定翼的或者旋翼的飞机相比是有优势的，比如说气动性能好等。大型扑翼有什么特点呢？在控制的时候中断了一会儿没关系，它能滑翔，如果是那些旋翼飞机，这边控制中断了它就掉下来了。我们这个飞鸟控制即使中断了一会儿，它也能滑翔，所以就特别适合表演。在有复杂干扰的场合也不用太担心，只要它飞得足够高，而且噪声也比较低，易于隐身。这种大型扑翼与小型扑翼机器人相比，它的抗风能力也要好很多，载荷能力也强，能背负更重的设备（图88）。

图 88　大型仿生飞鸟机器人

大型扑翼的研究也面临着一系列的困难,它翅膀比较大,柔性更强,相关的一些技术确实是挑战性很大的。我们从扑翼原理开始研究,包括它有多少种飞行方式,翅膀需要怎么摆动更优化,也就是学自然界的鸟怎么飞。这就需要我们在电脑里模拟出它的形象,对它的气动力参数进行优化。初期阶段我们也是在实验室里面实验,只能给它固定在一个地方让它翅膀振动,然后测一下它的速度、各种指标,包括飞机的截面形状,术语上这叫翼型,就是要优化这个翼型。还要考虑流固耦合、优化、自主控制,这一块做了大量工作,包括仿真升阻力分布、流动和基频振型这些方面的分析。

当然也有很多麻烦的事情,这个飞鸟虽然说技术上我们可以去研究,但是它有很多工程的工作,经常要粘贴飞鸟翅膀,所以我们的研究生同学要花很多功夫做这些辅助工作。做出一个新型的扑翼机器人首先要制作得比较精细,如果粘得不对称它也飞不好,因此需要做很多繁杂的工作。

我们研究飞鸟开发了几代样机,做得还不错。国外也有一些飞鸟机器人的研究,比如德国 Festo 的飞鸟,在一个展会上演示的时候没飞好直接摔下来,所以这个机器人里面的气动力还是很有研究潜力的。我们开发机器人要确定这些指标,比如说美国的机器乌鸦翼展是 1.1 米,Festo 的是 2 米,我们是 1.2 米 ~2 米都有。续航能力上他们时间就短了,美国的是 5 ~20 分钟,德国的是 5 ~10 分钟,我们的是大于 30 分钟。

下面展示的是同学们在室外排练的场景(图 89),能看到抛出去以后就飞了,有时候飞得特别高,一会儿能看到有一个飞机过去了,乍一看感觉跟这个鸟大小都差不多了。有些真鸟看到它,也主动过来编队,达到了我们最初的跟鸟混合编队去执行侦察任务的目的,实现与真鸟齐飞的设想。户外飞行实验是在大学城体育场进行的,大学城体育场给我们提供了很好的飞行场地,我们后期上央视春晚也主要在那儿练习,这个场地对完成央视春晚深圳分会场的表演任务是做出了贡献的。

图 89　在大学城体育场进行飞行排练

我们还把丽湖小学的学生邀请来,看看从来没有经验的小孩子能不能操控这个机器人,结果这些小学生飞得还不错(图 90)。我们有一个创新创业的平台,叫哈工大创意平台,就有这个为社会服务的职能,所以我们机器人团队的实验室经常有人参观,既有领导参观,也有中小学生参观。

图 90　丽湖小学学生练习操作机器人

这个飞鸟主要是徐文福老师团队研发的，经常参加双创活动，接受采访，得到了媒体广泛的关注，也申请了很多技术性的专利。结果央视导演研究 2018 年央视春晚的时候，就想到了这种扑翼飞行机器人，在深圳这种大型晚会一直以来都要有科技元素。导演组并没有直接就到我们这儿，他们调研了很多科研单位和高校，到我们这儿看过后要求试飞一下，导演也亲自试了一下，一飞觉得不错，就给我们下达这个任务了，要求把我们的飞鸟做成“凤凰”。当时只有两个来月时间准备，我们原来没做过这种外形的飞鸟，要花费很长时间进行气动力优化。对我们来说这是一个新的要求，做成以后能不能飞，我们其实心里也是没底的，但当时顶着压力还是接受了这个任务（图 91）。

图 91　参与春晚表演的特型扑翼飞行机器人

其中有几个难题。当时因为要过年了，外面工厂大部分都放假了，想找人加工制造找不着，这是一个很大的难题。最后要飞 40 只，我们的飞手很多都是新手，有的人遥控时一不小心把它摔在地上，就摔坏一只，有的甚至还没等飞起来，就摔坏了，所以训练飞手要考虑折损率，每飞一次大概会损坏几只需要考量好，最后我们做了 300 只用于训练飞手，但是最后有两三天都不敢飞了，担心再损失就不够 40 只了。我们团队里面有本科生，有硕士、博士研究生，还有一些指导老师，最后在大家的共同努力、共同参与下把这个任务完成了，当时也是非常辛苦的。

有一段时间我们在市民中心排练，导演到场了以后，下午五六点钟的时候得给那些小孩参与的节目排练，因为小孩七八点得睡觉，所以五六点钟是小孩在练，七八点钟是岁数比较大的人在那儿练，我们的凤凰因为害怕万一摔了伤着人，就排到半夜 11 点到凌晨 2 点练。所以我们这个团队特别不容易，每天都是熬着半夜十一二点开始在那儿练，回来都困得一塌糊涂。中间还有各种插曲我就不讲了，大学做这个事确实是不容易，一共 9 家科技单位参加央视春晚，8 家是公司，就我们 1 家是大学顶上去的，所以我说特别不容易。我们还雇了将近 100 个农民工，专门负责粘鸟翅膀，大家看上面这些东西都是一条一条粘上去的，我们还得有人看着，粘歪了不行，颜色也不能弄错了，100 多个农民工每天计件，这样还总有人中途就走了，主要是那段时间赶上过年，特别难，所以我们特别感动。这件事也锤炼了我们的队伍，为了一个集体荣誉大家敢打敢拼，战之能胜，这是领导给我们的评价。

还有一个是深圳的春晚，深圳想既然央视春晚用了这个项目，咱们深圳春晚也用这个。深圳的晚会用时更长，是最后收场唱歌的时候出的我们的凤凰。深圳春晚的分会场布景也特别漂亮，可能是因为有了自己的机器人参与才关注了这些。

深圳春晚的时候，一开始我也紧张得够呛，因为正式表演之前要先预飞，预飞的时候机器人就在外面转，我的心都在打鼓，我说怎么飞不进来呢？是这里面有什么气流才飞不进来？最后才知道是在等导演的进场指令，导演说可以进入才能飞入，所以整个过程都是揪着心怕掉下来，最后的歌唱家唱歌何时结束的都没注意到，当时确实太紧张了。在这里跟大家分享一些体会，我们一些年轻的老师披星戴月地排练，当时表演的空间特别小，我们练习的大学城体育场那么大，在大体育场都练好了，到市民中心后通知就只能在这一个很小的范围内飞，不能飞出去，更不能在观众席掉下来，多个凤凰在一起还不能碰到，这个难度太大了，所以受到了各大媒体包括港澳媒体的报道（图 92）。

图 92　参加央视春晚深圳分会场表演的“仿生凤凰”团队

（三）仿生跳跃机器人

下面介绍一下仿生跳跃机器人。跳跃机器人因为可以做高效的弹跳，可以越障，所以它的地形适应能力、自主运动能力都是比较强的，在很多方面都有一些重要的应用，比如军事、国防、探测等等领域。现在这种仿生探测类的机器人有很多种，比如说球形滚动式的、爬行的、跳跃的、蛇形蠕动式的；还有投掷式的，把它扔出去以后它的轮子可以滚动；还有流体反推式的，这实际是一种燃爆原理，两种气体发生内燃，这类的机器人我们也做出来了。接下来介绍不同机器人的特点。

陆地跳跃的机器人有很多种，主要是用一些弹簧，并弄清楚它们的弹跳机理。现在能用于弹跳的机理也就那么几种，主要就是弹簧、磁流变、电磁，国内外都有很多，美国的沙蚤机器人刚才我们看到了，能在地上跳，瑞士、以色列也都有，我们国内也做了很多相关的研究，比如西北工业大学。

下面就是我们设计的小车（图 93），也就是跳跃装置，最后这个实物做出来了，并完成了跳跃实验。这边有一个视频，就是这个跳跃装置跳起来的情景，我设一个杆是 7 米，它跳的时候明显超过了这个杆，还因为底下有一根绳子拴着它，把它拽下来了，如果底下没有绳子它就能继续自由跳跃了。起初我们认为不会跳那么高，就拴了一根八九米长的绳子拽着，结果它一跳还把这个绳子给带起来了。

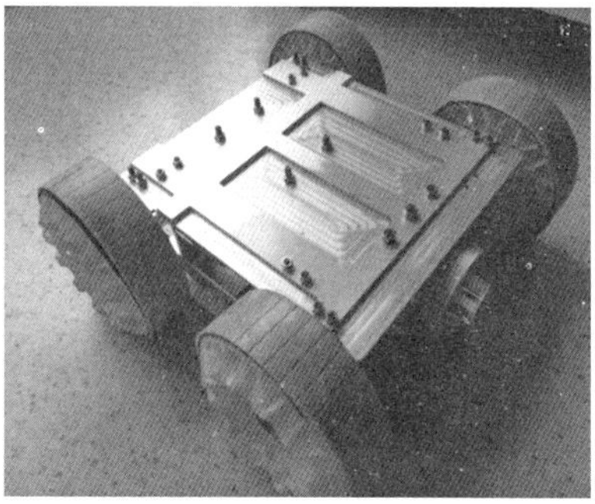

图 93　轮式跳跃机器人样机

刚才展示的是纯跳跃装置，后来我们在这上面加上载荷以后，它变重了，就跳不了那么高了。我们把所有的重量全加上后，整机质量已经达到了 15 斤，这个 15 斤的跳跃机构通过里面两种气体的混合，产生一个内压力，最终可以跳到 5 米。里面一个关键气体就是笑气，笑气在跳跃中起主要作用。我们通过实验觉得这么高已经很困难了，不加载荷的能跳 9 米，如果加上那些载荷以后也就是跳 5 米、6 米的样子（图 94）。

图 94　轮式跳跃机器人自由跳跃实验

这个机器人做完了之后验收的时候,专家和领导很认可这个工作。我们也开始了进一步的研究。我们研究了乌贼,因为乌贼有“水中火箭”之称,它往前运动的时候有一个漏斗状的管子,肌肉一收缩水猛地往后一喷,就给它一个动力。这个方案应该是不错的,所以我们就仿乌贼,起名叫水陆两栖仿乌贼机器人,第一期陆地实验做完了,第二期也做完了,就是水上跳,现在攻坚做第三期水陆两栖,希望水上跳出来后能在陆地上再跳一下,不同环境下的连续跳跃也是验证技术能力的难点。

在此过程中,我们要用高压气体,要么就是二氧化碳,要么就是液氮,就这两种,我们借鉴乌贼这种反推的作用,用液氮或二氧化碳做推力,完成这个跳跃任务。

我们是两个方案并行,一部分人用二氧化碳,一部分人用液氮。这里展示了很多实验结果,下面这个是用二氧化碳的,能看到这个一跳上去了 15 米,这是很高的。左面是在陆地上起跳,在水里面也可以跳,右面展示的是在水中起跳(图 95)。我们针对水上的跳跃做了很多设计,要求机器人不光能跳,也得能游动,能转弯,这些问题都要解决。

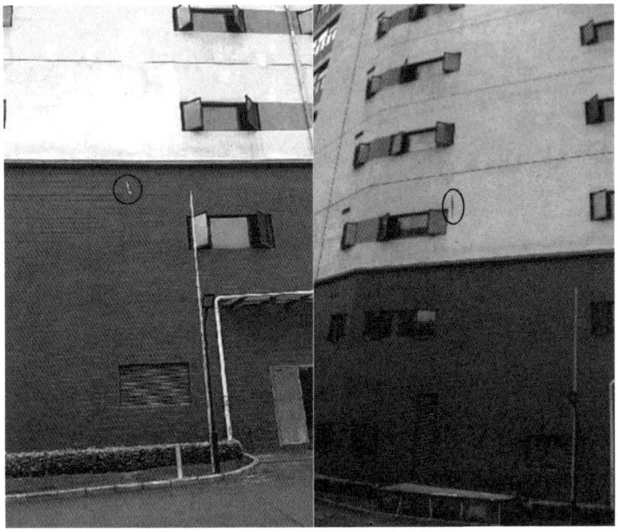

图 95　二氧化碳式跳跃装置在陆地上与水中进行跳跃实验

下面是用液氮的方案，二氧化碳我们觉得它的效用没有那么高，我们就用液氮做反应气体（图96）。左边是在陆地上跳起来的效果，约20米。在现场我们要求学生把钢盔都戴好，还有特警那种盾牌都买好，绝对不能让它打着人。右边就是在水里跳的实验，也成功跳起来了，大概是7.55米，还实现了在水上来回转弯、移动。在跳之前得把它支撑起来，才可以继续往上跳。

图96　液氮式跳跃装置在陆地上与水中进行跳跃实验

（四）折纸艺术与折纸仿生机器人

下面我再介绍一下折纸及折纸机构。折纸是一门艺术，是传统的工艺，这个工艺在日本特别流行，日本人认为能把一张纸折出不同的形状非常神奇，是他们的“国粹”。现在折纸的一个英文词叫ORIGAMI，ORIGAMI就是日语词的音译，ORI在日语中是折叠的意思，GAMI是纸的意思。

折纸艺术丰富多彩，我们国家有很多相关的技艺，有些一直传承至今。折纸这个工艺在西方也已变成一种教育教学、科研的工具，主要应用在一些建筑、桥梁设计等领域，当前在航天领域中也有比较重要的应用。日本人在开发折纸技艺过程中做了很多工作，比如他们做了一些系统，可以以图文的方式图解折纸的技术。南非的魔术师也出版了一本关于纸的魔术的书，在英国也已经成立了折纸学会，等等。

随着技术的发展，折纸现在也成了一门学问，叫作折纸几何学，就是折纸机构要用方程、用数学模型去构建，并可以进行计算机辅助设计。折纸有比较好的折叠能力和形状拟合能力,因此也受到了一些工程的重视。当前较为广泛应用的一类折纸为厚板折纸机构,主要分为四折痕、五折痕和六折痕等几类,如图 97 所示。

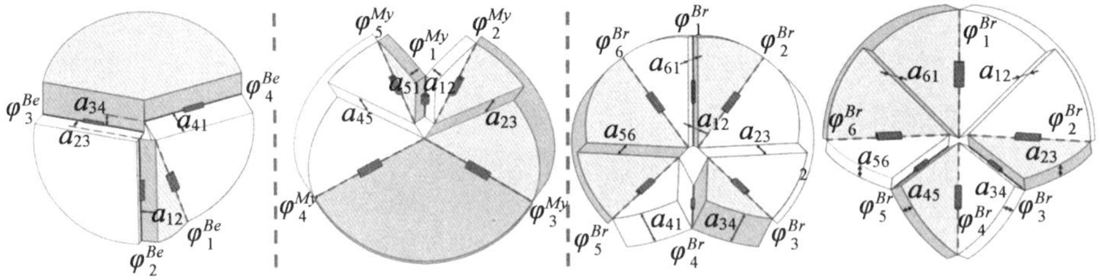

(a)四折痕　(b)五折痕　(c)六折痕

图 97　厚板折纸机构

不过这些厚板折纸机构在设计方法中有一些局限性,为了解决这些问题,我们基于四棱锥、三棱柱、圆柱和圆锥等四种具有代表性的立体几何结构设计了一种新的类折纸机构,并将其命名为折体机构。与当前流行的厚板折纸机构不同,这个新提出的折体机构是结合折纸的折叠原理与立体几何的几何参数进行设计的。我们也将折体机构进行了分类,主要分为四棱锥形、三棱柱形、圆柱形和圆锥形等四种折体机构,如图 98 所示。

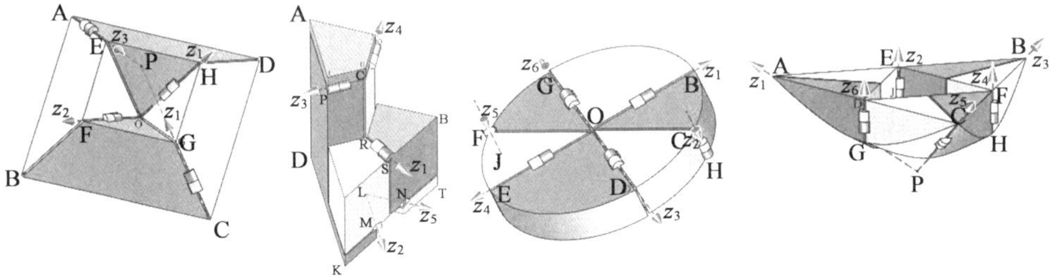

四棱锥形　三棱柱形　圆柱形　圆锥形

图 98　折体机构

这些折体机构可以用来设计大尺寸的折展机构。以圆柱形和圆锥形块状折体机构为例,我们分别设计了具有平面可折展性、空间可折展性以及阵列方向可变性的大尺寸折展机构(图 99 到图 101)。其中,平面可折展性指的是对应的机构可以展开成一个平面,而空间可折展性指的是该机构能够展开成一个大型的立体结构。阵列方向可变性则指的是机构中所有的单元模块按一定的阵列方向排列,这个阵列方向可以根据机构的运动而改变。

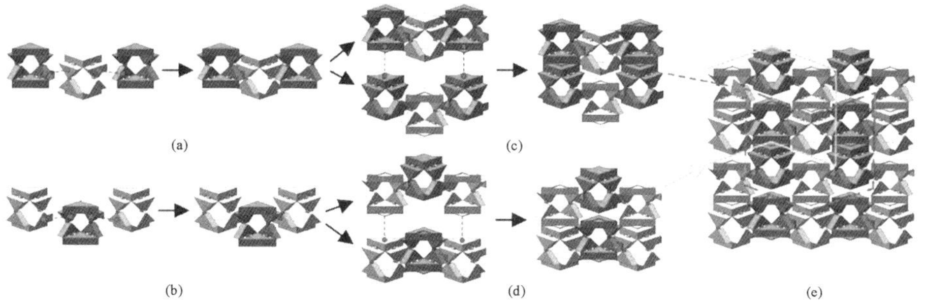

图 99　具有平面可折展性的机构

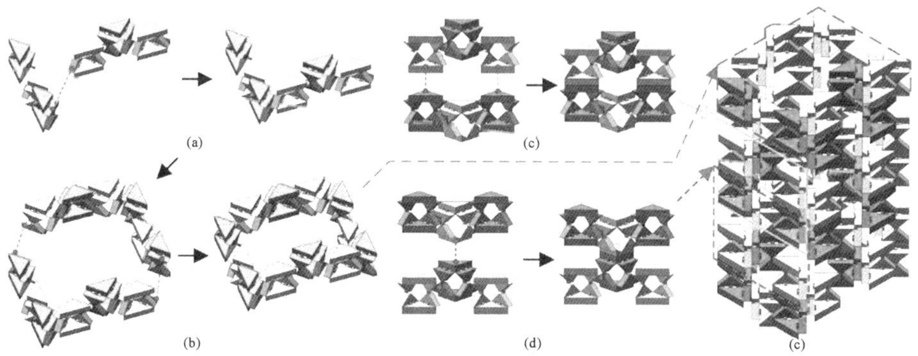

图 100　具有空间可折展性的机构

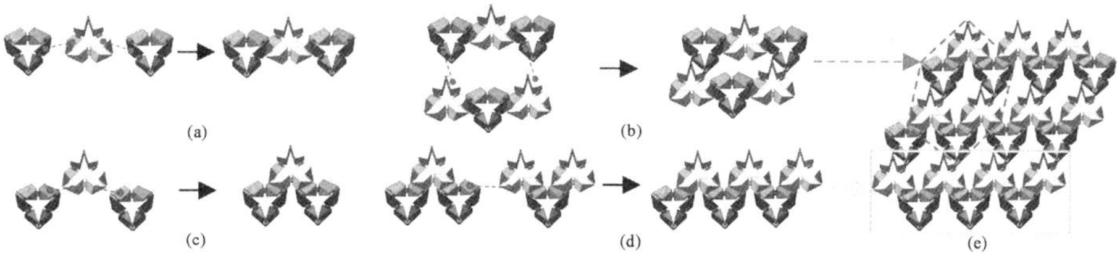

图 101　具有阵列方向可变性的机构

由折纸艺术衍变发展得到的折纸机构与折体机构,都可以归属于折展机构。折展机构的设计是航天器的一个关键技术,一些航天器是需要采用电推进的,而电池板面积可能是操场那么大。尺寸太大是无法打到天上去的,因此必须要将其先折起来,折到1立方米以内,然后通过火箭送到天上,再一块一块地打开。

我们从机构设计角度也在空间折展机构方面做了一些工作,空间折展机构(Deployable Mechanism)指一类可由封闭、紧凑、折叠状态完全展开成为预定几何形状结构、稳定且可支撑载荷的机构。空间单环纯转动副折展机构刚度好、折展比大,适合用于构建大尺度折展机构网络,经典空间单环过约束机构主要有Bennett(1903)、Myard(1931)、Bricard(1927)等。对于这些经典过约束机构,我们进行了一些构型综合。构型综合就是根据一些机构学理论得到一系列的具有相同运动模式的构型,从而组成构型库(图102)。

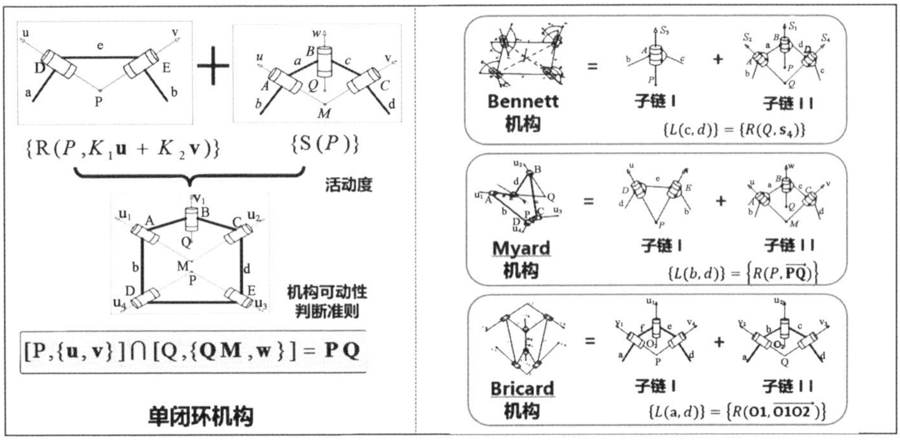

图102 基于经典空间单环过约束机构得到折展机构的构型库

构型库中含有大量的折展机构构型可供我们选择。我们在挑选合适的折展机构作为基本折展单元后,可以通过共连杆、共支链等模块化组网方式(图103)构造出大尺寸的机构网络,突破了传统机构学基本杆组的组成理论。

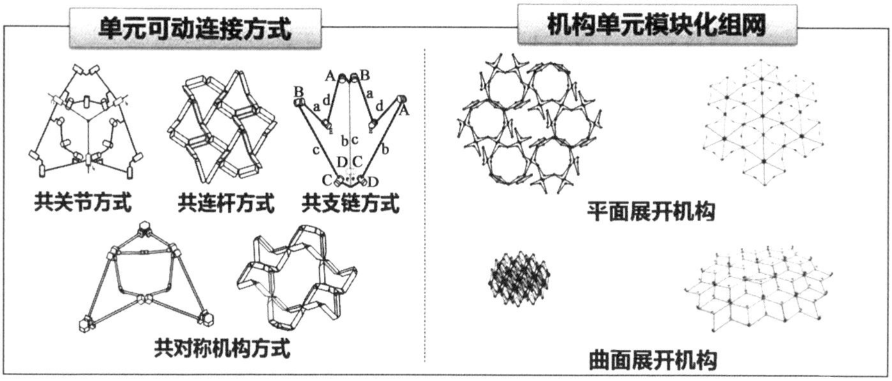

图 103　模块化组网方式

根据上述的过程,我们就能够得到一些空间折展机构。因为空间折展机构可广泛用于航天器上,比如用于大型空间伸展臂、平面太阳能电池阵、大口径抛物面天线等,而根据具体任务需求有些机构仅需要展开一次,有些则需要展开折叠多次,因此我们在不同任务情况下,对所得到的大尺寸可折展机构进行了可动性、可展性、机动性和稳定性等性能分析。此外,我们还进行了运动学建模与优化,并研制了一些多模块折展机构(图 104)。

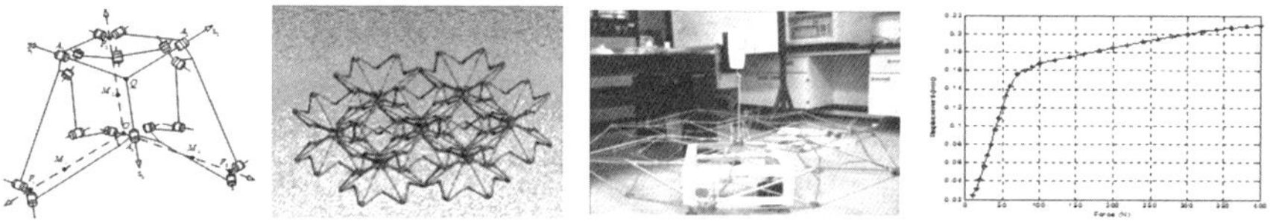

含84个Myard单元的双层可展开折展机构样机

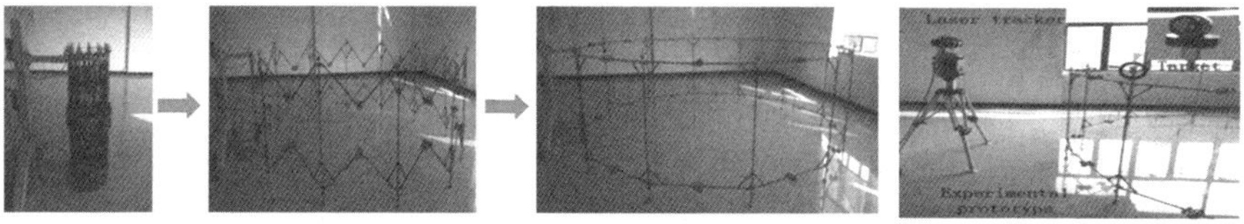

含12个可展开单元的周边桁架式可折展环形天线结构

图 104　多模块折展机构的研制

根据近期的研究,我们发现由折纸艺术衍变发展得到的折体机构的运动方式与上面提到的经典空间单环过约束机构的运动方式是等效的。而经典空间单环过约束机构可以构造出大尺寸的多模块折展机构,从而在航天领域中被广泛地应用。因此我们相信折体机构在航天领域内也具有潜在的研究意义。将折体机构应用于航天机构领域可以分为两个方面:第一个方面是这个机构发射到天上以后,只要是以折叠的姿态发射上去,然后顺利展开成天线,这个任务就结束了。而第二个方面就比较复杂,需要将抓捕机构以折叠的姿态放射到天上,将其展开以后遇到目标物体还要拉一下。多了这一个动作,就体现难度了,因为这就需要设计更为复杂的自由度分岔机构。我们现在做的就是在设计研发自由度分岔机构,期待有更多成果出来。折纸机构在未来的设计方向应该是结合仿生进行设计,从而设计折纸仿生机器人。

总结一下:未来的仿生机器人研究一定会和脑科学、神经科学、人工智能技术紧密相关,使得机器人能理解环境、理解人的意图,能够更精细地感知、更智能地分析和更科学地进行决策,只有这样仿生机器人技术才能更好地为人类服务。这也是我们将来研究的方向之一,也期望可以设计出性能更为优良的仿生机器人。

提问环节

【主持人】谢谢李教授给我们带来生动形象、风趣幽默的一场讲座。我看到有些学生在那里做笔记,特别认真,还有一些广告人员或者是设计人员,像创客、极客,对这场讲座都非常感兴趣。下面就让各位观众跟教授交流一下,有问题的话直接问教授就可以了,有没有同学或者是社会读者有疑问的?可以举一下手。

【观众】李教授好,日本的阿西莫机器人现在开发到什么程度了,是否继续开发新一代产品?另外,日本下一步这一块机器人的研究方向是什么?

【李兵】国际主要发达经济体每5年左右都有机器人发展路线图,你可以到网上查一查了解一下,比如美国的、欧洲的、日本的都有。现在美国波士顿动力的仿生机器人技术发展势头太猛了,像“阿特拉斯”这个技术发展太快,后空翻这些东西确实是比较超前,这个技术迭代过程中要是落后了很多,之后再去跟踪性开发也意义不大,就得另辟蹊径。并不是说这个阿西莫机器人就不做了,人家那个平台已经基本上比较成熟了,但是再发展可能遇到了技术瓶颈,方案再发展也没法更快、更高、更强了,不能像“阿特拉斯”那么轻巧,但是人家掌握了这个技术。日本的双足机器人还是很尖端的,我们实际上很多技术都是学日本,包括很多工业里面的技术,美国也要学日本。

早期我们讲质量工程里面有一个东西,就是彩电,彩电有一个色彩度的问题。在北美的时候,做数学都知道统计,都追均值,一个是求平均值,一看平均值都很好,这批产品就出厂了,用一段时间后发现美国电视色彩度特别不好,日本的色彩度就始终保持不变,质量特别好。为什么会这样呢?这时候美国人就向日本人请教,发现日本有一位田口教授研究的方法,不仅能控制均值,也能控制方差,使离散度最小。日本的整个品质控制都非常出色,当时在产品质量方面已经处于全球领先的地位,彩电市场上都是日本的产品。我们管这个方法叫 Robust Engineering(稳健工程),其实就是质量工程方法。所以日本在这方面还是很领先的,特别是在机器人领域。我参加前些年的上海世博会时去看了日本馆,从早上 9 点一直排到下午 3 点才进去,确实是非常震撼的。一屋子都是各种各样的东西。日本的技术确实很尖端,而且它的创新主体都在企业,就是索尼、本田这些大公司掌握着。

所以真正地要想能够创新、有后劲,还得有巨大财力的企业支撑才能发展,大学就是做一个项目结束了,没有经费就无法继续,而企业有经费,就能源源不断地往前发展,所以未来我们得向日本的工业技术多学习。

【观众】李教授,您好,我是哈工大机电学院的学生,我现在毕业后做的事情跟双足机器人行走有关,因为双足机器人仿的是阿西莫,包括优必选的 Walker 也是,他们用的模型就是三维线性倒立摆模型。这个模型是仿生的思维吗?如果不是的话,如果从仿生,或者从人的角度出发,那么我们应该用什么样的数学模型才能把这些量给关联起来?这是我的问题。

【李兵】仿生这件事你一定不能用僵化的思维方式去考虑。我举个例子,我也经常跟学生说,洗衣机最开始的仿生思维在哪里?要造个洗衣机,直接想就得有两只手洗,但是你看哪个洗衣机有两只手?肯定没有,要是设计两只手,肯定洗不干净衣服,就是要源于仿生的思想,还要不断地去升华、去提炼。你说的三维线性倒立摆,这是一个比较难的东西,如能把动力学模型体现在控制器里面,通过高性能控制算法去实现补偿,那就非常厉害了。在工作当中不一定永远就是仿生这个概念一条道走到黑,一开始是最基础式的,仿生思维也是头脑风暴激荡的常见方法,逐步迭代就有更新的技术,就像研究跳跃机器人,那里面是两种气体的爆炸,它能跳到 10 米,而一个简单的弹簧青蛙跳一下还跳不到 1 米,那肯定不行。关于你的双足控制问题,我这里虽然回答不了你到底用什么模型可能更优化、更好,但是我想仿生这个事是生活中身边随处都有的,当你有参照物再去设计,就容易设计并且性能更好。相比有参考的变形设计,如果是从 0 到 1 的这种创新设计,那难度就大很多。所以我要强调的是,在产品开发当中继承再创新十分重要。

【观众】李教授,您好,刚才您提到企业这边要有源源不断的财力去支持一些研发,其实通常企业大部分投入百分之十几的研发费用已经是很好的企业了,所以大部分新技术的产生还是来自于研发机构和大学对吗?

【李兵】比较好的企业产值是很高的,比如产值 10 亿元,虽然只有 10% 用于研发创新,也有 1 个亿的投入,已经是比较高的投入成本了。大学和科研机构主要靠政府投资,靠使用纳税人的钱做研发,整体上肯定比企业投入差得多。可惜的是,很多企业实际投入的研发经费比例很低,所以整体上对技术的拉动作用小,况且很多卡脖子技术还不仅是有投入就对应有产出的,会有很长一段沉默期,要求企业要有实力,企业家更要有眼光。

【观众】刚才看到您关于机器人剧场和凤凰飞鸟的介绍,真的是非常有意思,除此之外,你们还有没有其他的项目投入到市场上能量产的?比如说哈工大做的一些研发的项目,哪些已经投入了市场?投入到了哪些设备上面?

【李兵】其实很多,因为仿生类的就是表演这些东西可能有用,比如说做图像处理,我们的一位教授做的高速摄像机,他这个团队叫超高速超高清图像感知,里面用一些 FPGA 芯片技术。高速摄像机就是一个产品,这个产品是低成本的。但他们自己开发的高速摄像机能够拍摄慢动作,速度很快的东西,比如说发射的火箭、导弹,它能给你慢动作分解,研究物体的轨迹在哪里有什么问题,这个高速摄像机就是高附加值的产品。另外我们做工业机器人的,应用就更多了,通常是围绕产品线里面的一些需求,比如说我们有做撕膜的,供应商发来一个零部件,它表面有贴膜,就需要把这个膜撕掉,然后组装以后再新贴一个膜,这两个动作在生产线里都挺困扰人,所以我们也有老师开发这个技术,能快速把膜撕掉,再重新贴膜,这些工作是跟生产线直接相关的。还有一些是做无人机飞控的、做3C机器人的、做空间机器人的,需要应用在天上无基座的环境,当然空间机器人实际上和民用的工业制造关联不大。民品市场需要的是能重复的、能量产的东西,比如无人机里面的一些软件。要重视一些软件的技术,中国现在做硬件不太成问题,集成做得还可以,但是在关键零部件方面有些欠缺,企业界的朋友在这方面多寻求一点产学研合作,如果觉得需要一些新技术,就多调研调研、了解了解。学校和企业应该互动起来,学校的研究要和实际结合才能有更强的生命力。这里面有些真正的困惑是什么呢?学校里学生毕业需要创新点,需要做几乎是没人做过的事,但企业需要可靠稳定的技术,一定要稳定、能重复,所以未来在产业化这一块大学里有很多工作要做。

【观众】我是哈工大大数据的新生,比较关心机器人算法这方面的内容。之前看到有很多人说机器人的控制系统,它可以自我反馈、自我进化,让机器人的运行控制更加稳定,但是这等于是软件的自我进化,机器人的控制系统算法能不能给它导入一个物理模型,让它给硬件也提出一些建议,比如说机器人自己觉得我这个机械腿应该长两厘米更稳定一些。有这样的算法或者说这样的可能吗?

【李兵】有一句话叫软件定义一切,不知道你听没听过。做软件工程的人都知道,这个意思就是说软件有很多工作要做,但实际上软件也不是万能的,当一个机电装备机械设计出现错误的时候,软件再厉害也是不行的,也肯定做不了。好多时候机械振动,实际上是设计的参数不匹配,出了问题,你想通过软件给它补偿回来,那是很困难的。而且机械的东西都是间隙、刚柔耦合,很多做控制的人实际对机械设计里面，哪些部分是刚性的、柔性的，关节里是多大间隙，理解不是太透，所以他们那些很高端的算法用不了。为什么用不了？这个算法传到这个关节，里面一个间隙那些效果就都没有了，就传不过去，所以工业里面 PID 还是最常用的，工业控制器基本上就是 PID，大家调几个参数，调完了就这么用，那些高性能的算法根本就用不上，直到现在也是。我们也给企业提出这个问题了，比如我们经常开一些研讨会，我经常跟他们说，下一步谁能把动力学模型解决，并把它补偿到控制算法里面去，这样的控制器就能够引领下一次工业革命了，毕竟现在 PID 的控制能力是很有限的，谁能把这些动态都补偿回来，那就厉害了。

有一个视频不知道你看没看过，就是新西兰有一个大学叫 Twenty University，他们做了一个实验，棚上吊了几根绳子，绳子上放一个平板，上面有两只机械手，平板上放一个杯子，里面放了满满的一杯水。两只机械手开始拉锯，没有动力学补偿的时候杯子里的水洒得一塌糊涂，到处都是。然后开始用补偿，补偿进去以后不论怎么晃，水面纹丝不动。未来就是要这样，谁能把动力学模型变成工业控制算法补偿进去，那就真的是一次工业革命，如果说做产业能做到这种程度的话，那就会源源不断产生效益了。

【观众】李兵教授，您好，我是深圳国际交流学院的高中生，想问一下德国 Festo 公司，现在宣称他们做了一些很酷炫的仿生机器人，已经解锁了所有飞行机器人的飞行原理，但是有人认为那些机器人过于生物化，也就是说机械蝙蝠不一定飞得比无人机要好，仿生鱼也不一定比潜水艇或者船更有用。那么这些机器人到底有什么实用价值呢？它们是否是华而不实的？

【李兵】它是一种技术能力的表示。

【观众】所以 Festo 基本上就是在炫耀？

【李兵】不是炫耀，这个技术能力里面有共性的技术，当我具备这个能力的时候我也可以移植到别的地方去。人工智能里有迁移学习，就是这个意思。这个经验我可以迁移到别处去用，但是一般人想达到他们这个高度是很困难的，因为人家做了很多年。德国的技术你还是要相信的,你看德国造的工业产品,一看就精细,特别精致。实用并不一定就是第一位的,当然有些东西是能实用,有些东西是一种能力的体现,这是综合实力的体现。

【观众】最后补充一下,像这些仿生鱼或仿生蝙蝠在科考上有没有一定的应用价值? 就是在生态考察上。

【李兵】肯定有,海洋信息的监控、气候的监控这些都可以应用,有些仿生鱼就能把水文信息收集回来。这里还可以仔细挖掘,认真琢磨,也不一定是一种仿生技术,可能要几种技术组合起来,就是所谓的混合仿生。

【主持人】让我们用热烈的掌声感谢李教授给我们带来的精彩演讲,讲座之后大家可以再跟李教授探讨一下。我现在代表大学城图书馆给教授颁发一下名家讲座纪念证,麻烦教授移步到这里。如果有教授的粉丝或者是学生,也可以上来跟教授拍照,谢谢大家。